Unterrichtsideen
Lyrik in der Sekundarstufe II

20 handlungs- und produktionsorientierte Vorschläge

Rainer Werner

Materialien

Ernst Klett Verlag für Wissen und Bildung
Stuttgart • Dresden

Hinweise für den Einsatz der Materialien im Unterricht gibt der Lehrerband:
Rainer Werner: Unterrichtsideen Lyrik in der Sekundarstufe II. 20 handlungs- und produktionsorientierte Vorschläge.

Klettbuch 922682

Gedruckt auf Papier, das aus 80% Altpapier und 20% chlorfreiem Faserstoff (TCF) hergestellt wurde.

Die Deutsche Bibliothek – CIP-Einheitsaufnahme

Werner, Rainer:
Unterrichtsideen Lyrik in der Sekundarstufe II: 20 handlungs- und produktionsorientierte Vorschläge / Rainer Werner. – Stuttgart; Dresden: Klett, Verlag für Wissen und Bildung
Materialien. – 1. Aufl. – 1994
ISBN 3-12-922683-4

1. Auflage 1994

Druck: Wilhelm Röck, Weinsberg
Einbandgestaltung: BSS Werbeagentur Sachse und Partner, Bietigheim
ISBN 3-12-922683-4

7. „Das zerbrochene Ringlein“ – „Der Spinnerin Lied“ – „Im Sommer“ – „Lebenshilfe“ für das lyrische Ich

8. Chamisso „Die alte Waschfrau“ – Alternative Kommentarstrophe verfassen

9. Heine: Aus dem „Buch der Lieder“ – Gedichte zu Ende schreiben

10. Mörike „Septembermorgen“ und van Hoddis „Morgens“ – Gedichtmontage

11. Benn „Tristesse“ und „O Nacht –“ – Jugend- oder Altersgedicht?

12. Loerke „Blauer Abend in Berlin“ – Gedichtmontage

19. Literarisches Rätsel: Dichter raten

20. Kunze: Gedichte aus „Sensible Wege“ – Schüler als fiktive Zensoren

1.
Nachtzauber

Hörst du nicht die Quellen gehen
Zwischen Stein und Blumen weit
Nach den stillen Waldesseen,
Wo die Marmorbilder stehen
In der schönen Einsamkeit?
Von den Bergen sacht hernieder,
Weckend die uralten Lieder,
Steigt die wunderbare Nacht,
Und die Gründe glänzen wieder,
Wie du's oft im Traum gedacht.
Kennst die Blume du, entsprossen,
In dem mondbeglänzten Grund?
Aus der Knospe, halb erschlossen,
Junge Glieder blühend sprossen,
Weiße Arme, roter Mund,
Und die Nachtigallen schlagen,
Und rings hebt es an zu klagen,
Ach, vor Liebe todeswund,
Von versunknen schönen Tagen –
Komm, o komm zum stillen Grund!

2.
Shortstory

er hatte es mit ihr sie hatte es mit ihm
was hatte er mit ihr was hatte sie mit ihm
er hatte es auch mit dem da sie hatte es auch mit der da
was hatte er auch mit dem da was hatte sie auch mit der da
er hatte es mit ihr und auch mit dem da
was hatte er mit ihr und auch mit dem da
sie hatte es mit ihm und auch mit der da
was hatte sie mit ihm und auch mit der da

er hatte es mit sich selbst sie hatte es mit sich selbst
was hatte er mit sich selbst was hatte sie mit sich selbst

er hatte es hatte er es sie hatte es hatte sie es

er hatte es mit ihr und auch mit dem da und mit sich selbst sie
hatte es mit ihm und auch mit der da und mit sich selbst er hatte
es mit ihr und auch mit dem da und mit sich selbst und sogar mit
der da sie hatte es mit ihm und auch mit der da und mit sich selbst
und sogar mit dem da der da hatte es mit ihm und ihr und der da
die da hatte es mit ihr und ihm und dem da hatte der da es auch
mit sich selbst hatte die da es auch mit sich selbst

sie hatten es alle miteinander und mit sich selbst

aber was hatten sie denn nun eigentlich alle miteinander und
auch mit sich selbst

3.
Früh im Wagen

Es graut vom Morgenreif
in Dämmerung das Feld,
da schon ein blasser Streif
den fernen Ost erhellt.

Man sieht im Lichte bald
den Morgenstern vergehn,
und doch am Fichtenwald
den vollen Mond noch stehn:

So ist mein scheuer Blick,
den schon die Ferne drängt,
noch in das Schmerzensglück
der Abschiedsnacht versenkt.

Dein blaues Auge steht
ein dunkler See vor mir,
Dein Kuß, Dein Hauch umweht,
Dein Flüstern mich noch hier.

An Deinem Hals begräbt
sich weinend mein Gesicht,
und Purpurschwärze webt
mir vor dem Auge dicht.

Die Sonne kommt; – sie scheucht
den Traum hinweg im Nu,
und von den Bergen streicht
ein Schauer auf mich zu.

4.
Die Küsse

Als sich aus Eigennutz Elisse
Dem muntern Coridon ergab,
Nahm sie für einen ihrer Küsse
Ihm anfangs dreißig Schäfchen ab.

Am andern Tag erschien die Stunde,
Daß er den Tausch viel besser traf.
Sein Mund gewann von ihrem Munde
Schon dreißig Küsse für ein Schaf.

Der dritte Tag war zu beneiden:
Da gab die milde Schäferin
Um einen neuen Kuß mit Freuden
Ihm alle Schafe wieder hin.

Allein am vierten ging's betrübter,
Indem sie Herd und Hund verhieß
Für einen Kuß, den ihr Geliebter
Umsonst an Doris überließ.

5.
Die Liebe

Wenn ihr Freunde vergeßt, wenn ihr die euern all,
o, ihr Dankbaren, sie, euere Dichter schmäht,
Gott vergeb' es, doch ehret
nur die Seele der Liebenden.

Denn o saget, wo lebt menschliches Leben sonst,
da die knechtische jetzt alles, die Sorge zwingt?
Darum wandelt der Gott auch
sorglos über dem Haupt uns längst.

Doch, wie immer das Jahr kalt und gesanglos ist
zur beschiedenen Zeit, aber aus weißem Feld
grüne Halme doch sprossen,
oft ein einsamer Vogel singt,

wenn sich mählich der Wald dehnet, der Strom sich regt,
schon die mildere Luft leise vom Mittag weht
zur erlesenen Stunde:
so ein Zeichen der schönern Zeit,

die wir glauben, erwächst einzig genügsam noch,
einzig edel und fromm über dem ehernen,
wilden Boden die Liebe,
Gottes Tochter, von ihm allein.

Sei gesegnet, so sei, himmlische Pflanze, mir
mit Gesange gepflegt, wenn des ätherischen
Nektars Kräfte dich nähren,
und der schöpf'rische Strahl dich reift.

Wachs und werde zum Wald! eine beseeltere
voll entblühende Welt! Sprache der Liebenden
sei die Sprache des Landes,
ihre Seele der Laut des Volkes!

6.
Sehnsucht

Ich ging den Weg entlang, der einsam lag,
den stets allein ich gehe jeden Tag.

Die Heide schweigt, das Feld ist menschenleer;
der Wind nur weht im Knickbusch um mich her.

Weit liegt vor mir die Straße ausgedehnt,
es hat mein Herz nur dich, nur dich ersehnt.

Und kämest du, ein Wunder wär's für mich,
ich neigte mich vor dir: Ich liebe dich.

Und im Begegnen, nur ein einziger Blick,
des ganzen Lebens wär' es mein Geschick.

Und richtest du dein Auge kalt auf mich,
ich trotze, Mädchen, dir: Ich liebe dich.

Doch wenn dein schönes Auge grüßt und lacht,
wie eine Sonne mir in schwerer Nacht,

ich zöge rasch dein süßes Herz an mich
und flüstre leise dir: Ich liebe dich.

7.
Mailied

Wie herrlich leuchtet
Mir die Natur!
Wie glänzt die Sonne!
Wie lacht die Flur!

Es dringen Blüten
Aus jedem Zweig
Und tausend Stimmen
Aus dem Gesträuch.

Und Freud' und Wonne
Aus jeder Brust.
O Erd', o Sonne!
O Glück, o Lust!

O Lieb', o Liebe!
So golden schön,
Wie Morgenwolken
Auf jenen Höhn!

Du segnest herrlich
Das frische Feld,
Im Blütendampfe
Die volle Welt.

O Mädchen, Mädchen,
Wie lieb' ich dich!
Wie blinkt dein Auge!
Wie liebst du mich!

So liebt die Lerche
Gesang und Luft,
Und Morgenblumen
Den Himmelsduft,

Wie ich dich liebe
Mit warmem Blut,
Die du mir Jugend
Und Freud' und Mut

Zu neuen Liedern
Und Tänzen gibst.
Sei ewig glücklich,
Wie du mich liebst!

8.

Ich glaub' nicht an den Himmel,
Wovon das Pfäfflein spricht;
Ich glaub' nur an dein Auge,
Das ist mein Himmelslicht.

Ich glaub' nicht an den Herrgott,
Wovon das Pfäfflein spricht;
Ich glaub' nur an dein Herz
'nen andern Gott hab' ich nicht.

Ich glaub' nicht an den Bösen,
An Höll' und Höllenschmerz;
Ich glaub' nur an dein Auge
Und an dein böses Herz.

9.

Ich will mit dem gehen, den ich liebe.
Ich will nicht ausrechnen, was es kostet.
Ich will nicht nachdenken, ob es gut ist.
Ich will nicht wissen, ob er mich liebt.
Ich will mit ihm gehen, den ich liebe.

10.
Zwei Segel

Zwei Segel erhellend
Die tiefblaue Bucht!
Zwei Segel sich schwellend
Zu ruhiger Flucht!

Wie eins in den Winden
Sich wölbt und bewegt,
Wird auch das Empfinden
Des andern erregt.

Begehrt eins zu hasten,
Das andre geht schnell,
Verlangt eins zu rasten,
Ruht auch sein Gesell.

11.
Wenn ich ein Vöglein wär'

Wenn ich ein Vöglein wär',
Und auch zwei Flüglein hätt',
Flög' ich zur dir;
Weil's aber nicht kann sein,
Bleib' ich allhier.

Bin ich gleich weit von dir,
Bin ich doch im Schlaf bei dir
Und red' mit dir;
Wenn ich erwachen tu',
Bin ich allein.

Es vergeht keine Stund' in der Nacht,
Da mein Herze nicht erwacht
Und an dich gedenkt,
Daß du mir viel tausendmal
Dein Herze geschenkt.

12.
Trieb

Schrecken Sträuben
Wehren Ringen
Ächzen Schluchzen
Stürzen
Du!
Grellen Gehren
Winden Klammern
Hitzen Schwächen
Ich und Du!
Lösen Gleiten
Stöhnen Wellen
Schwinden Finden
Ich
Dich
Du!

13.
Untreu

Dein Lächeln weint in meiner Brust
Die glutverbissnen Lippen eisen
Im Atem wittert Laubwelk!
Den Blick versargt
Und
Hastet polternd Worte drauf.
Vergessen
Bröckeln nach die Hände!
Frei
Buhlt dein Kleidsaum
Schlenkrig
Drüber rüber!

14.
Liebeslied

Wie soll ich meine Seele halten, daß
sie nicht an deine rührt? wie soll ich sie
hinheben über dich zu andern Dingen?
Ach gerne möcht ich sie bei irgendwas
Verlorenem im Dunkel unterbringen
an einer fremden stillen Stelle, die
nicht weiterschwingt, wenn deine Tiefen
schwingen.
Doch alles, was uns anrührt, dich und mich,
nimmt uns zusammen wie ein Bogenstrich,
der aus zwei Saiten e i n e Stimme zieht.
Auf welches Instrument sind wir gespannt?
Und welcher Spieler hat uns in der Hand?
O süßes Lied.

Arbeitsauftrag:

1. Ordnen Sie die Liebesgedichte nach ihrer Entstehungszeit.
2. Begründen Sie jeweils Ihre Entscheidung.

Ezra Pound

Albatre

Diese Dame im weißen Bademantel, den sie einen „peignoir“ nennt,
Ist – vorläufig – die Geliebte meines Freundes,
Und die zarten weißen Füße ihres weißen Schoßtiers
Sind nicht zarter als sie.
Und Gautier höchstselbst hätt den Kontrast von Weiß auf Weiß nicht verachtet
Wie sie so dasitzt im Lehnstuhl
Zwischen den zwei müden Kerzen.

Serenus M. Brezengang

Koks

Die Tante da im weißen Fummel, „nightie“ nennt sie das oder so,
Ist im Moment die Alte von meinem Kumpel,
Und die schnuckligen weißen Treter von ihrem weißen Kläffer
Sind mindestens so schnucklig wie sie.
Darauf wäre sogar Elvis persönlich abgefahren,
So weiß auf weiß, wie sie da rumhockt auf ihrer Matte
Vor zwei abgefackten Räucherstäbchen.

Andreas Thalmayr

Dem Phöbus gleich, mit fliegender Rösser Kraft,
So zog er hin, doch plötzlich im Abendlicht
Auf wüstem Acker stille stehet
Nun die vergoldete Staatskarosse.

Die Diener zünden Fackeln an. Ihrem Herrn
Bereiten sie ein Lager am Feuer zu.
Den Wagenschmied zu Hilfe holt vom
Unfernen Maierhof her der Kutscher.

Doch unheilvoll umwölket die Braue sich:
Es quält den Meister rasende Ungeduld.
Und Zornesblitze wirft er allen
Säumigen zu, bis das Werk getan ist.

Als Eos rosenfingrig erwacht ist, wird
Dem braven Schmiede goldener Lohn zuteil.
Auf seiner Himmelsbahn geschwind, dem
Sonnengott gleich, ist enteilt der Meister.

Bertolt Brecht

Der Radwechsel

Ich sitze am Straßenrand
Der Fahrer wechselt das Rad.
Ich bin nicht gern, wo ich herkomme.
Ich bin nicht gern, wo ich hinfahre.
Warum sehe ich den Radwechsel
Mit Ungeduld?

Eduard Mörike

Das verlassene Mägdlein

Früh, wann die Hähne krähn,
Eh die Sternlein verschwinden,
Muß ich am Herde stehn,
Muß Feuer zünden.

Schön ist der Flammen Schein,
Es springen die Funken;
Ich schaue so drein,
In Leid versunken.

Plötzlich, da kommt es mir,
Treuloser Knabe,
Daß ich die Nacht von dir
Geträumet habe.

Träne auf Träne dann
Stürzet hernieder;
So kommt der Tag heran –
O ging er wieder!

Arbeitsauftrag:

Schreiben Sie eine moderne Fassung des Gedichts. Denken Sie dabei an den heutigen Bewußtseinsstand.

Friedrich Gottlieb Klopstock

Die frühen Gräber

Willkommen, o silberner Mond,
Schöner, stiller Gefährt der Nacht!
Du entfliehst? Eile nicht, bleib, Gedankenfreund –
Sehet, er bleibt! Das Gewölk wallte nur hin.

Des Maies Erwachen ist nur
Schöner noch wie die Sommernacht,
Wenn ihm Tau, hell wie Licht, aus der Locke träuft
Und zu dem Hügel herauf rötlich er kömmt.

Ihr Edleren, ach, es bewächst
Eure Male schon ernstes Moos!
O, wie war glücklich ich, als ich noch mit euch
Sahe sich röten den Tag, schimmern die Nacht!

Arbeitsauftrag:

Übertragen Sie das Gedicht auf eine andere Sprachebene, z. B. Jugendsprache.

Rotkäppchen in der Scene

Da wa ma ne echt coole Frau, die hatte sich die Haare mit Henna gefärbt, da hieß sie überall nur noch Rotkäppchen. Die wohnte bei ihren Alten wegen der Kohle, auf Malochen hatte sie Null Bock. Aber die Alten machten total Terror von wegen Jobben oder so. Emotional lief da sowieso nichts mehr, und ne Zweierkiste hatte sie auch gerade nicht am Laufen.

Da sagte sie sich: „Hier wirste nich alt, und überhaupt is Action angesagt" und machte sich vom Acker zu ner befreundeten Land-WG, die hatten mitten im Wald en irres Haus aufgerissen, von so ner kranken Oma.

Bei Karstadt in der Reformabteilung klaute die Frau noch ne Packung Müsli und ne Flasche okzitanischen Bio-Wein und trampte dann los.

Klappte auch alles ganz locker, nur das letzte Stück ging sie zu Fuß durch den Wald. Da kam ein total ausgeflippter Typ angelatscht, ganz schön beknackt, sag ich dir. Wolfgang hieß der oder so, is ja auch egal. Der Typ hing so rum, laberte was von nem Blumenstrauß und ner Großmutter und wo die denn wohnen würde.

Die Frau war echt genervt und kriegte wahnsinnige Aggressionen: „Also, ich find das unheimlich Scheiße oder so. Das ist ja wohl die Härte, wie du mich hier so repressiv anmachst, da läuft echt Null." Der abgefuckte Freak brauchte ne Weile, bis er das geschnallt hatte. Der war total geschockt. Dann verpißte er sich, war wohl en echter Hammer für den, identitätsmäßig oder so, der hing völlig durch für en paar Wochen, war aber bestimmt en wichtiger Lernprozeß. So kriegt der ja nie en Bein auf die Erde, wa?

Und die Frau, die hat sich voll eingebracht in die Land-WG, die waren alle unheimlich lieb und spontan.

Hab ich alles von dem Wilhelm gehört, das ist der Bruder von dem Jacob. Die beiden Typen erzählen vielleicht heiße Stories. Echt irre, ehrlich!

Irmela

Bertolt Brecht

Der Rauch

Das kleine Haus unter Bäumen am See.
Vom Dach steigt Rauch.
Fehlte er
Wie trostlos dann wären
Haus, Bäume und See.

Eisen

Im Traum heute Nacht
Sah ich einen großen Sturm.
Ins Baugerüst griff er
Den Bauschragen riß er
Den eisernen, abwärts.
Doch was da aus Holz war
Bog sich und blieb.

Ich benötige keinen Grabstein

Ich benötige keinen Grabstein, aber
Wenn ihr einen für mich benötigt
Wünschte ich, es stünde darauf:
Er hat Vorschläge gemacht. Wir
Haben sie angenommen.
Durch eine solche Inschrift wären
Wir alle geehrt.

Arbeitsauftrag:
Formen Sie die Gedichte von Brecht um, indem Sie sie im Ton „erhöhen“.

Friedrich Hölderlin

Sonnenuntergang

Wo bist du? trunken dämmert die Seele mir
Von aller deiner Wonne; denn eben ists,
Daß ich gelauscht, wie, goldner Töne
Voll, der entzückende Sonnenjüngling

Sein Abendlied auf himmlischer Leier spielt';
Es tönten rings die Wälder und Hügel nach.
Doch fern ist er zu frommen Völkern,
Die ihn noch ehren, hinweggegangen.

Martin Opitz

Ach Liebste laß uns eilen ...

Ach Liebste laß uns eilen Wir haben Zeit:
Es schadet das Verweilen Uns beiderseit.

Der schönsten Schönheit Gaben Fliehn Fuß für Fuß,
Daß alles was wir haben Verschwinden muß.

Der Wangen Zier verbleichet Das Haar wird greis,
Der Äuglein Feuer weichet Die Flamm wird Eis.

Das Mündlein von Korallen Wird ungestalt.
Die Händ als Schnee verfallen Und du wirst alt.

Drum laß uns jetzt genießen Der Jugend Frucht,
Eh denn wir folgen müssen Der Jahre Flucht,

Wo du dich selber liebest, So liebe mich,
Gib mir daß wann du gibest Verlier auch ich.

Johann Wolfgang von Goethe

An den Mond
Spätere Fassung

Füllest wieder Busch und Tal
Still mit Nebelglanz,
Lösest endlich auch einmal
Meine Seele ganz;

Breitest über mein Gefild
Lindernd deinen Blick,
Wie des Freundes Auge mild
Über mein Geschick.

Jeden Nachklang fühlt mein Herz
Froh- und trüber Zeit,
Wandle zwischen Freud' und Schmerz
In der Einsamkeit.

Fließe, fließe, lieber Fluß!
Nimmer werd' ich froh,
So verrauschte Scherz und Kuß,
Und die Treue so.

Ich besaß es doch einmal,
Was so köstlich ist!
Daß man doch zu seiner Qual
Nimmer es vergißt!

Rausche, Fluß, das Tal entlang,
Ohne Rast und Ruh,
Rausche, flüstre meinem Sang
Melodien zu,

Wenn du in der Winternacht
Wütend überschwillst,
Oder um die Frühlingspracht
Junger Knospen quillst.

Selig, wer sich vor der Welt
Ohne Haß verschließt,
Einen Freund am Busen hält
Und mit dem genießt,

Was, von Menschen nicht gewußt
Oder nicht bedacht,
Durch das Labyrinth der Brust
Wandelt in der Nacht.

Johann Wolfgang von Goethe, Aufgehender Mond am Fluß, um 1777

Arbeitsauftrag:

Verfassen Sie ein modernes Mondgedicht, das von der heutigen Weltanschauung geprägt ist.

Peter Rühmkorf

Himmel abgespeckt

Keine Posaune zurhand, keine Verkündigungen,
der Himmel abgespeckt,
wenn der Abend mit siebenfarbener Zunge
am Fenster leckt.

Ins Spektrum gefläzt, die Seele noch einmal nach oben,
wolken- und vogelwärts –:
Wer hat mir die Faustvoll Fleisch in die Jacke geschoben,
mein rüdes Gorillenherz?

Träume ausgeklinkt – gutso – die gondeln im Blauen,
in den schwimmenden Äther getupft;
mein gepökeltes Herz, mein eingesalznes Vertrauen,
das die Stellung hält und die Schlagader zupft.

Mit der Erde auf gutem Fuß,
den läufigen Nachtigallen – ! –
Ist es nicht schön, bald, bei aufgeblasenem Monde und
   steigendem Fluß
der Schwerkraft anheimzufallen?

Jaaa, Mooond, wenn er kömmt, der siderische Montgolfier,
im Pulk der Sterne die Nacht zu befahren …
schlürf ich die Welt-an-sich und was ich sonst nicht versteh,
dir aus den Achselhaaren.

Schlürfe vom handwarmen All, der Gaumen zerfließt,
die Kehle schon –
Die du hier Luft einziehst,
mach die Funzel aus, oh-du-Sterbliche,
häng dich ein in die Gravitation.

Heinrich Heine

Still ist die Nacht

Still ist die Nacht, es ruhen die Gassen,
in diesem Hause wohnte mein Schatz;
sie hat schon längst die Stadt verlassen,
doch steht noch das Haus auf demselben Platz.

Da steht auch ein Mensch und starrt in die Höhe
und ringt die Hände vor Schmerzensgewalt;
mir graust es, wenn ich sein Antlitz sehe –
der Mond zeigt mir meine eigne Gestalt.

Du Doppelgänger! Du bleicher Geselle!
Was äffst du nach mein Liebesleid,
das mich gequält auf dieser Stelle
so manche Nacht in alter Zeit?

Georg Trakl

Der Abend

Mit toten Heldengestalten
Erfüllst du Mond
Die schweigenden Wälder,
Sichelmond –
Mit der sanften Umarmung
Der Liebenden,
Den Schatten berühmter Zeiten
Die modernden Felsen rings;
So bläulich strahlt es
Gegen die Stadt hin,
Wo kalt und böse
Ein verwesend Geschlecht wohnt,
Der weißen Enkel
Dunkle Zukunft bereitet.
Ihr mondverschlungenen Schatten
Aufseufzend im leeren Kristall
Des Bergsees.

Alfred Lichtenstein

Nebel

Ein Nebel hat die Welt so weich zerstört.
Blutlose Bäume lösen sich in Rauch.
Und Schatten schweben, wo man Schreie hört.
Brennende Biester schwinden hin wie Hauch.

Gefangne Fliegen sind die Gaslaternen.
Und jede flackert, daß sie noch entrinne.
Doch seitlich lauert glimmend hoch in Fernen
Der giftge Mond, die fette Nebelspinne.

Wir aber, die, verrucht, zum Tode taugen,
Zerschreiten knirschend diese wüste Pracht.
Und stechen stumm die weißen Elendsaugen
Wie Spieße in die aufgeschwollne Nacht.

Emanuel Boretto

Mondgespräch

Willkommen, silberner Mond,
Apollo-Mond,
Zielpunkt der Astronauten,
Landeplatz des Adlers,
NASA-Mond –

Wir setzen den Fuß auf dich,
Ich Mann im Mond
Neil Armstrong,
Ich Mann im Mond
Edwin Aldrin,
Wir tun einen kleinen Schritt,
aber einen großen Schritt
für die Menschheit.

Neuland betreten wir,
Neuland entdecken wir,
Den Mond der Liebenden,
Den Mond der Süchtigen,
Den Kindermond,
Den Dichtermond,
Den Gedankenfreund,
Den Freund der Einsamen:
Seine Einsamkeit
Ist die unsere,
Seine Stille
Ist in uns.

Eine andere Schönheit
Als die irdische
Ist die mondene –
Im Staub des Mondes
Schreiten wir dahin …

Neuland betraten wir,
Neuland entdeckten wir –
Wir suchten die Ferne
Und fanden uns selbst:
Über Mondenkratern
Den Erdenstern,
Blaues Juwel
Auf schwarzem Samt …

Der Mensch bleibe
Auf seiner Erde –
Gott ist
überall.

Paul Wiens

Der volkseigene Mond

Ich bitt' dich, Herr mit deinen Scharen,
Auch jetzt die Ruhe zu bewahren!
Das Menschending ist arriviert
Und nichts besonderes passiert.
Ja, selbst die Sache mit dem Wimpel
Ist höchst natürlich, sogar simpel:
Das kleine rote Tuch soll zeigen,
Der Mond ist fortan Volkes eigen.

Hälfte des Lebens

Mit gelben Birnen hänget
Und voll mit wilden Rosen
Das Land in den See,
Ihr holden Schwäne,
Und trunken von Küssen
Tunkt ihr das Haupt
Ins heilignüchterne Wasser.

Weh mir, wo nehm' ich, wenn
Es Winter ist, die Blumen, und wo
Den Sonnenschein
Und Schatten der Erde?
Die Mauern stehn
Sprachlos und kalt, im Winde
Klirren die Fahnen.

Johann Christian Friedrich Hölderlin wurde am 20. März 1770 als Sohn eines Klosterhofmeisters in Lauffen am Neckar geboren. Früh verlor er seinen Vater. Auf der Lateinschule in Nürtingen und den Klosterschulen Maulbronn und Denkendorf begann Hölderlins Bildungsgang.
Von 1788 bis 1793 studierte er am Tübinger Stift Theologie. Das war der übliche Weg für die begabten Söhne des Kleinbürgertums, die dadurch in eine bedrückende Abhängigkeit von der württembergischen Kirchenbehörde gerieten. Hölderlin hat unter der engherzigen Bevormundung und geistigen Unterdrückung im Kloster und Stift unsäglich gelitten. Nur der Wunsch seiner Mutter zwang ihn, sich seine Jugendjahre auf diese Weise „verbittern“ zu lassen, wie er an seinen Halbbruder Karl Gock im August 1793 schrieb. Doch er war fest entschlossen, sich nie an die „Galeere der Theologie“ zu ketten. Schwärmerische Jugendfreundschaften sowie das Zusammenleben im Stift mit seinen Stubengenossen Hegel und Schelling erhellten ihm die Öde des Klosterdaseins. Die verknöcherte Theologie stieß ihn ab, und er wandte sich der zeitgenössischen Literatur und Philosophie zu, studierte die klassischen Werke der griechischen und römischen Antike und schrieb seine ersten Dichtungen.
Das Jahrzehnt vom Examen bis zum Ausbruch einer unheilbaren Krankheit, die schließlich zur geistigen Umnachtung führte, war erfüllt von Kämpfen, vom Streben, unabhängig zu werden und ganz als Dichter zu wirken. Durch Schillers Vermittlung wurde Hölderlin Hofmeister in Waltershausen bei Gotha. Hier arbeitete er an seinem Roman „Hyperion oder Der Eremit in Griechenland“ (1797–1799). Seine eigene Unfertigkeit wurde ihm schmerzhaft bewußt, als er in Jena 1794 Fichte, Goethe und Herder kennenlernte und mit Schiller verkehrte. In Jena wollte er ganz seiner Selbstbildung und seiner Dichtung leben, doch der Plan scheiterte. Vom Dezember 1795 bis 1798 mußte er sich erneut als Hofmeister, diesmal im Haus des Frankfurter Bankiers Gontard, verdingen. Obwohl er als „Bediensteter“ manche Beleidigungen zu erdulden hatte, wurde ihm hier das Glück einer tiefen, erwiderten Liebe zuteil. In Susette Gontard, der Gattin des Bankiers, fand er das erträumte Ideal schöner harmonischer Menschlichkeit. Gewaltsam von der Geliebten getrennt, lebte Hölderlin vom Oktober 1798 bis Juni 1800 in Homburg mit seinem Studienkameraden Isaak von Sinclair, einem begeisterten Anhänger der Jakobiner, freundschaftlich verbunden. Er vollendete den „Hyperion“ und begann die Arbeit am „Empedokles“. Seine großen Oden und philosophischen Aufsätze entstanden in dieser Zeit; vergeblich suchte er, ein „humanistisches Journal“, eine Zeitschrift zur Beförderung der Humanität zu gründen. Noch einmal wurde er – in Hauptwyl in der Schweiz und in Bordeaux – gezwungen, das verhaßte Hofmeisterleben zu führen. Vor seinem Abschied schrieb er am 4. Dezember 1801 an Böhlendorf: „Ich bin jetzt voll Abschieds. Ich habe lange nicht geweint. Aber es hat mich bittre Tränen gekostet, da ich mich entschloß, mein Vaterland noch jetzt zu verlassen, vielleicht auf immer. Denn was hab' ich Lieberes auf der Welt? Aber sie können mich nicht brauchen.“
Geistig zerrüttet kehrte er 1802 zu Fuß in die Heimat zurück. Bis 1804 lebte er im Haus der Mutter in Nürtingen und übersetzte Trauerspiele des griechischen Dichters Sophokles. Seit 1807 verdämmerte in Tübingen sein Leben; am 7. Juni 1843 erlöste ihn der Tod.

Johann Paul Friedrich Richter, der sich aus Begeisterung für die Schriften Jean-Jacques Rousseaus den Schriftstellernamen Jean Paul zulegte, wurde am 21. März 1763 als Sohn eines armen Schullehrers und späteren Dorfgeistlichen in dem Städtchen Wunsiedel (Fichtelgebirge) geboren. 1779 schickte der Vater den genialen Knaben, der sich in unermüdlichem Leseeifer bereits eine umfassende Kenntnis der deutschen Aufklärungsliteratur angeeignet hatte, auf das Gymnasium in Hof. 1781 bezog Jean Paul als Theologiestudent die Universität Leipzig, wo er – im Grunde weiterhin als Autodidakt – seine aufklärerische Bildung vor allem durch die Lektüre der Engländer und Franzosen vervollkommnete. Nachdem er 1784 vor seinen Gläubigern aus Leipzig nach Hof geflohen war und seine Familie – der Vater war 1779 gestorben – in auswegloser Not vorfand, verdingte er sich von 1786 bis 1795 als Hauslehrer und Hofmeister. 1795 erschien der dreibändige Roman „Hesperus“, der Jean Paul mit einem Schlage berühmt machte. Von da an ermöglichten ihm die Honorare für seine in rascher Folge entstehenden Romane, Erzählungen, Schriften zur Pädagogik, Ästhetik und Politik ein bescheidenes Auskommen als freier Schriftsteller. Sein beispielloser junger Ruhm brachte ihm 1796 eine Einladung nach Weimar, wohin er, nach einem einjährigen Aufenthalt in Leipzig, 1798 ganz übersiedelte. Hier trat er mit den ersten Schriftstellern der Nation in nähere Beziehungen. Goethe und Schiller begegneten ihm mit Zurückhaltung, Wieland wohlwollend, Herder begeistert. mit Jean Paul verband Herder der gemeinsame plebejisch-kleinbürgerliche Standpunkt in der Beurteilung aller politischen Zeitfragen, vor allem der französischen bürgerlichen Revolution von 1789 und das sittliche Erziehungsideal der Kunst, das er dem vorwiegend ästhetischen Ideal Goethes und Schillers entgegensetzte. Auch in dem Kampf gegen Kants subjektiven Idealismus wurde Herder von Jean Paul nach Vermögen unterstützt.
Doch in dieser Atmosphäre, die durch die Gegenwart der Jenenser Romantik noch kompliziert wurde, fühlte sich Jean Paul auf die Dauer nicht heimisch. Im Jahre 1800 ließ er sich in Berlin nieder, wo Fichte, Schleiermacher und Tieck seinen engeren Umgang bildeten. Von 1804 schließlich bis zu seinem Tode am 14. November 1825 lebte Jean Paul in Bayreuth, verehrt von einer weitläufigen Lesergemeinde, wie sie kaum je einem deutschen Schriftsteller beschieden gewesen ist.

Arbeitsauftrag:

Welcher Lebenslauf paßt zu dem Gedicht „Hälfte des Lebens“? Begründen Sie Ihre Meinung.

Friedrich Hölderlin, Pastellbild von Hiemer, 1792

Friedrich Hölderlin von G. Schreiner und R. Lohbauer, 1823

Johann Wolfgang von Goethe

Willkommen und Abschied

Es schlug mein Herz, geschwind zu Pferde!
Es war getan fast eh gedacht.
Der Abend wiegte schon die Erde,
Und an den Bergen hing die Nacht;
Schon stand im Nebelkleid die Eiche
Wie ein getürmter Riese, da,
Wo Finsternis aus dem Gesträuche
Mit hundert schwarzen Augen sah.

Der Mond von einem Wolkenhügel
Sah kläglich aus dem Duft hervor,
Die Winde schwangen leise Flügel,
Umsausten schauerlich mein Ohr;
Die Nacht schuf tausend Ungeheuer,
Doch frisch und fröhlich war mein Mut:
In meinen Adern welches Feuer!
In meinem Herzen welche Glut!

Dich sah ich, und die milde Freude
Floß von dem süßen Blick auf mich;
Ganz war mein Herz an deiner Seite,
Und jeder Atemzug für dich.
Ein rosenfarbnes Frühlingswetter
Umgab das liebliche Gesicht,
Und Zärtlichkeit für mich, ihr Götter!
Ich hofft' es, ich verdient' es nicht!

Doch ach, schon mit der Morgensonne
verengt der Abschied mir das Herz:
In deinen Küssen welche Wonne!
In deinem Auge welcher Schmerz!
Ich ging, du standst und sahst zur Erden
Und sahst mir nach mit nassem Blick:
Und doch, welch Glück, geliebt zu werden!
Und lieben, Götter welch ein Glück!

Der Student Goethe in Straßburg/Sesenheim 1770/71

Erste Begegnung mit Friederike Brion

In diesem Augenblick trat sie wirklich in die Tür; und da ging fürwahr an diesem ländlichen Himmel ein allerliebster Stern auf. Sie trug ein kurzes, weißes Röckchen mit einer Falbel, nicht länger als daß die nettesten Füßchen bis an die Knöchel sichtbar blieben; ein knappes weißes Mieder und eine schwarze Taftschürze – so stand sie auf der Grenze zwischen Bäuerin und Städterin. Schlank und leicht, als wenn sie nichts an sich zu tragen hätte, schritt sie, und beinahe schien für die gewaltigen blonden Zöpfe der Hals zu zart. Aus heiteren blauen Augen blickte sie sehr deutlich umher und das artige Stumpfnäschen forschte so frei in die Luft, als wenn es in der Welt keine Sorgen geben könnte, der Strohhut hing ihr am Arm, und so hatte ich das Vergnügen, sie beim ersten Blick auf einmal in ihrer ganzen Anmut und Lieblichkeit zu sehen und zu erkennen. (…)

Nach Straßburg zurückgekehrt, schreibt Goethe an Friederike Brion (15. 10. 1770):

„Liebe neue Freundin!
Ich zweifle nicht Sie so zu nennen, denn wenn ich mich anders nur ein klein wenig auf die Augen verstehe, so fand mein Aug im ersten Blick die Hoffnung zu dieser Freundschaft in Ihrem, und für unsere Herzen wollt ich schwören, Sie, zärtlich und gut, wie ich Sie kenne, sollten Sie mir, da ich Sie so lieb habe, nicht wieder ein bißchen günstig sein? Liebe, liebe Freundin, ob ich Ihnen was zu sagen habe, ist wohl keine Frage. Ob ich aber just weiß, warum ich eben jetzo schreiben will, und was ich schreiben möchte, das ist ein anders, so viel merk ich an einer gewissen innerlichen Unruhe, daß ich gerne bei Ihnen sein möchte, und in dem Falle ist ein Stückchen Papier so ein wahrer Trost, so ein geflügeltes Pferd, für mich, hier, mitten in dem lärmenden Straßburg, als es Ihnen in Ihrer Ruhe nur sein kann, wenn Sie die Entfernung von Ihren Freunden recht lebhaft fühlen.
Straßburg ist mir noch nie so leer vorgekommen als jetzo. Zwar hoff ich, es soll besser werden, wenn die Zeit das Andenken unserer niedlichen und mutwilligen Lustbarkeiten ein wenig ausgelöscht haben wird, wenn ich nicht mehr so lebhaft fühlen werde, wie gut, wie angenehm meine Freundin ist. Doch sollte ich das vergessen können oder wollen? Nein, ich will lieber das wenig Herzwehe behalten, und oft an Sie schreiben. Und nun noch vielen Dank, noch viele aufrichtige Empfehlungen Ihren teuern Eltern; Ihrer lieben Schwester viel hundert – was ich Ihnen gerne wiedergäbe."

Erneuter Besuch bei Friederike

Ich glaubte eine Stimme vom Himmel zu hören und eilte, was ich konnte, ein Pferd zu bestellen und mich sauber herauszuputzen. Ich schickte nach Weyland, er war nicht zu finden. Dies hielt meinen Entschluß nicht auf, aber leider verzogen sich die Anstalten und ich kam nicht so früh weg als ich gehofft hatte.

So stark ich auch ritt, überfiel mich doch die Nacht. Der Weg war nicht zu verfehlen, und der Mond beleuchtete mein leidenschaftliches Unternehmen. Die Nacht war windig und schauerlich, ich sprengte zu, um nicht bis morgen früh auf ihren Anblick warten zu müssen. (...)

Die Beziehung vertieft sich

Mein leidenschaftliches Verhältnis zu Friederike hatte begonnen mich zu ängstigen. Eine solche jugendliche, aufs Geratewohl gehegte Neigung ist der nächtlich geworfenen Bombe zu vergleichen, die in einer sanften, glänzenden Linie aufsteigt, sich unter die Sterne mischt, ja einen Augenblick unter ihnen zu verweilen scheint, alsdann aber abwärts, zwar wieder dieselbe Bahn, nur umgekehrt, bezeichnet, und zuletzt da, wo sie ihren Lauf geendet, Verderben hinbringt. Friederike blieb sich immer gleich, sie schien nicht zu denken, noch denken zu wollen, daß dieses Verhältnis sich so bald endigen könnte. Ihre Schwester hingegen, die mich zwar auch ungern vermißte, aber doch nicht so viel als jene verlor, war voraussehender oder offener. Sie sprach manchmal mit mir über meinen vermutlichen Abschied und suchte über sich selbst und ihre Schwester sich zu trösten. Ein Mädchen, das einem Manne entsagt, dem sie ihre Gewogenheit nicht verleugnet hat, ist lange nicht in der peinlichen Lage, in der sich ein Jüngling befindet, der mit Erklärungen ebenso weit gegen das Mädchen herausgegangen ist. Er spielt immer eine leidige Figur: denn von ihm, als einem werdenden Manne, erwartet man schon eine gewisse Übersicht seines Zustandes, und ein entschiedener Leichtsinn will ihn nicht kleiden. Die Ursachen eines Mädchens, das sich zurückzieht, scheinen immer gültig, die des Mannes niemals.
Allein wie soll eine schmeichelnde Leidenschaft uns voraussehen lassen, wohin sie uns führen kann? Denn auch selbst alsdann, wenn wir schon ganz verständig auf sie Verzicht getan, können wir sie noch nicht loslassen, wir ergötzen uns an der lieblichen Gewohnheit, und sollte es auch auf eine veränderte Weise sein. So ging es auch mir. Wenn gleich die Gegenwart Friederikens mich ängstigte, so wußte ich doch nichts Angenehmeres, als abwesend an sie zu denken und mich mit ihr zu unterhalten. Ich kam seltener hinaus, aber unsere Briefe wechselten desto lebhafter. Die Abwesenheit machte mich frei, und meine ganze Zuneigung blühte erst recht auf durch die Unterhaltung in der Ferne.
Ich konnte mich in solchen Augenblicken ganz eigentlich über die Zukunft verblenden. Zerstreut war ich genug durch das Fortrollen der Zeit und dringender Geschäfte. Ich hatte bisher möglich gemacht, das Mannigfaltigste zu leisten, durch immer lebhafte Teilnahme am Gegenwärtigen und Augenblicklichen, allein, gegen das Ende drängte sich alles gar gewaltsam übereinander, wie es immer zu gehen pflegt, wenn man sich von einem Orte loslösen soll. (...)

Abschied von Friederike

In solchem Drang und Verwirrung konnte ich doch nicht unterlassen, Friederike noch einmal zu sehen. Es waren peinliche Tage, deren Erinnerung mir nicht geblieben ist. Als ich ihr die Hand noch vom Pferde reichte, standen ihr die Tränen in den Augen, und mir war sehr übel zumute. Nun ritt ich auf dem Fußpfade gegen Drusenheim, und da überfiel mich eine der sonderbarsten Ahnungen. Ich sah nämlich, nicht mit den Augen des Leibes, sondern des Geistes, mich mir selbst denselben Weg zu Pferde wieder entgegenkommen, und zwar in einem Kleide, wie ich es nie getragen; es war hechtgrau mit etwas Gold. Sobald ich mich aus diesem Traum aufschüttelte, war die Gestalt ganz hinweg. Sonderbar ist es jedoch, daß ich nach acht Jahren, in dem Kleide, das mir geträumt hatte und das ich nicht aus Wahl, sondern aus Zufall gerade trug, mich auf demselben Wege fand, um Friederike noch einmal zu besuchen. Es mag sich übrigens mit diesen Dingen wie es will verhalten, das wunderliche Trugbild gab mir in jenen Augenblicken des Scheidens einige Beruhigung. Der Schmerz, das herrliche Elsaß mit allem, was ich darin erworben, auf immer zu verlassen, war gemildert, und ich fand mich, dem Taumel des Lebewohls endlich entflohen, auf einer friedlichen und erheiternden Reise so ziemlich wieder. (...)
Die Antwort Friederikens auf einen schriftlichen Abschied zerriß mir das Herz. Es war dieselbe Hand, derselbe Sinn, dasselbe Gefühl, die sich zu mir, die sich an mir herangebildet hatten. Ich fühlte nun erst den Verlust, den sie erlitt, und sah keine Möglichkeit ihn zu ersetzen, ja nur ihn zu lindern. Sie war mir ganz gegenwärtig; stets empfand ich, daß sie mir fehlte, und, was das Schlimmste war, ich konnte mir mein eignes Unglück nicht verzeihen. Gretchen hatte man mir genommen, Annette mich verlassen, hier war ich zum erstenmal schuldig; ich hatte das schönste Herz in seinem Tiefsten verwundet, und so war die Epoche einer düsteren Reue, bei dem Mangel einer gewohnten erquicklichen Liebe, höchst peinlich, ja unerträglich.

Arbeitsauftrag:

Bilden Sie Arbeitsgruppen, und analysieren Sie das Gedicht und die Lebenszeugnisse.
Inwieweit finden sich zwischen Gedicht und realem Erleben Goethes Entsprechungen?

Eduard Mörike

Peregrina

I.
Der Spiegel dieser treuen braunen Augen
Ist wie von innerm Gold ein Widerschein;
Tief aus dem Busen scheint er's anzusaugen,
Dort mag solch Gold in heil'gem Gram gedeihn.
In diese Nacht des Blickes mich zu tauchen,
Unwissend Kind, du selber lädst mich ein:
Willst, ich soll kecklich mich und dich entzünden,
Reichst lächelnd mir den Tod im Kelch der Sünden.

III.
Ein Irrsal kam in die Mondscheingärten
Einer einst heiligen Liebe;
Schaudernd entdeckt' ich verjährten Betrug.
Und mit weinendem Blick, doch grausam
Hieß ich das schlanke,
Zauberhafte Mädchen
Ferne gehen von mir.
Ach, ihre hohe Stirn
War gesenkt, denn sie liebte mich;
Aber sie zog mit Schweigen
Fort in die graue
Welt hinaus.

Krank seitdem,
Wund ist und wehe mein Herz.
Nimmer wird es genesen!
Als ginge, luftgesponnen, ein Zauberfaden
Von ihr zu mir, ein ängstig Band,
So zieht es, zieht mich schmachtend ihr nach. –
Wie? Wenn ich eines Tags auf meiner Schwelle
Sie sitzen fände, wie einst, im Morgenzwielicht,
Das Wanderbündel neben ihr,
Und ihr Auge, treuherzig zu mir aufschauend,
Sagte: Da bin ich wieder
Hergekommen aus weiter Welt!

IV.
Warum, Geliebte, denk' ich dein
Auf einmal nun mit tausend Tränen
Und kann gar nicht zufrieden sein
Und will die Brust in alle Weite dehnen?

Ach, gestern in den hellen Kindersaal
Beim Flimmer zierlich aufgesteckter Kerzen,
Wo ich mein selbst vergaß in Lärm und Scherzen,
Tratst du, o Bildnis mitleidschöner Qual:
Es war dein Geist, er setzte sich ans Mahl.
Fremd saßen wir mit stumm verhaltnen Schmerzen;
Zuletzt brach ich in lautes Schluchzen aus,
Und Hand in Hand verließen wir das Haus.

V.
Die Liebe, sagt man, steht am Pfahl gebunden,
Geht endlich arm, zerrüttet, unbeschuht;
Dies edle Haupt hat nicht mehr, wo es ruht,
Mit Tränen netzet sie der Füße Wunden.

Ach, Peregrinen hab' ich so gefunden!
Schön war ihr Wahnsinn, ihrer Wange Glut,
Noch scherzend in der Frühlingsstürme Wut
Und wilde Kränze in das Haar gewunden.

War's möglich, solche Schönheit zu verlassen? –
So kehrt nur reizender das alte Glück.
O komm, in diese Arme dich zu fassen!

Doch weh! O weh! Was soll mir dieser Blick?
Sie küßt mich zwischen Lieben noch und Hassen,
Sie kehrt sich ab und kehrt mir nie zurück.

Arbeitsauftrag:

Bilden Sie Arbeitsgruppen, und analysieren Sie die Gedichte.
Wie erfährt das lyrische Ich die Liebe, wie erscheint die Frau in den Gedichten, welche Geschichte wird hinter den Texten deutlich?

Barbara Köhler

Endstelle

für Fritz

Die Mauern stehn. Ich stehe an der Mauer
des Abrißhauses an der Haltestelle;
erinnre Lebens-Läufe, Todes-Fälle,
vergesse, wem ich trau in meiner Trauer.

Sprachlos und kalt: mein Herz schlägt gegen vieles
– nicht nur die Gitterstäbe in der Brust –
und überschlägt sich für ein bißchen Lust
und schlägt sich durch zum Ende dieses Spieles.

Im Winde klirren Wörter, Hoffnungsfetzen,
Nach-Ruf für die, die ausgestiegen sind
vor mir. Warum noch schrein. Es reißt der Wind

die Fahnen ab. Was soll mich noch verletzen;
Verlust liegt hinter mir, vor mir die Schlacht-
Felder im Halblicht, zwischen Tat und Nacht.

Blick auf das Brandenburger Tor, 1961

Joseph von Eichendorff

Sehnsucht

Es schienen so golden die Sterne,
Am Fenster ich einsam stand
Und hörte aus weiter Ferne
Ein Posthorn im stillen Land.
Das Herz mir im Leibe entbrennte,
Da hab' ich mir heimlich gedacht:
Ach, wer da mitreisen könnte
In der prächtigen Sommernacht!

Zwei junge Gesellen gingen
Vorüber am Bergeshang,
Ich hörte im Wandern sie singen
Die stille Gegend entlang:

Er, er, er und er, Herr Meister, leb er wohl!
Er, er, er und er, Herr Meister, leb er wohl!
Ich sag's ihm grad frei ins Gesicht:
Seine Arbeit und sein Lohn gefällt mir nicht.
Ich will mein Glück probieren, marschieren.

Sie, sie, sie und sie, Frau Meistrin, leb sie wohl!
Sie, sie, sie und sie, Frau Meistrin, leb sie wohl!
Ihr Essen war so angericht't,
Manchmal fraßen es die Schweine nicht.
Ich will mein Glück probieren, marschieren.

Er, er, er und er, Herr Wirt, nun leb er wohl!
Er, er, er und er, Herr Wirt nun leb er wohl!
Hätt' er die Kreid' nicht doppelt geschrieben,
So wär ich noch länger dageblieben.
Ich will mein Glück probieren, marschieren.

Ihr, ihr, ihr und ihr, ihr Brüder lebet wohl!
Ihr, ihr, ihr und ihr, ihr Brüder lebet wohl!
Hab' ich euch was zuleid getan,
So bitte ich um Verzeihung an.
Ich will mein Glück probieren, marschieren.

Bilder zum Thema „Sehnsucht“

Caspar David Friedrich, Frau am Fenster,1822

Salvador Dali, Junges Mädchen, am Fenster stehend, 1925

Caspar David Friedrich, Zwei Männer am Meer bei Mondaufgang, um 1817

Joseph von Eichendorff

Mondnacht

Es war, als hätt der Himmel
Die Erde still geküßt,
Daß sie im Blütenschimmer
Von ihm nun träumen müßt.

Die Luft ging durch die Felder,
Die Ähren wogten sacht,
Es rauschten leis die Wälder,
So sternklar war die Nacht.

Und meine Seele spannte
Weit ihre Flügel aus,
Flog durch die stillen Lande,
Als flöge sie nach Haus.

Der Einsiedler

Komm, Trost der Welt, du stille Nacht!
Wie steigst du von den Bergen sacht,
Die Lüfte alle schlafen,
Ein Schiffer nur noch, wandermüd,
Singt übers Meer sein Abendlied
Zu Gottes Lob im Hafen.

Die Jahre wie die Wolken gehn
Und lassen mich hier einsam stehn,
Die Welt hat mich vergessen,
Da trat'st du wunderbar zu mir,
Wenn ich beim Waldesrauschen hier
Gedankenvoll gesessen.

O Trost der Welt, du stille Nacht,
Der Tag hat mich so müd gemacht,
Das weite Meer schon dunkelt,
Laß ausruhn mich von Lust und Not,
Bis daß das ew'ge Morgenrot
Den stillen Wald durchfunkelt.

Die zwei Gesellen

Es zogen zwei rüstge Gesellen
zum erstenmal von Haus,
so jubelnd recht in die hellen,
klingenden, singenden Wellen
des vollen Frühlings hinaus.

Die strebten nach hohen Dingen,
die wollten, trotz Lust und Schmerz,
was Rechts in der Welt vollbringen,
und wem sie vorüber gingen,
dem lachten Sinnen und Herz. –

Der erste, der fand ein Liebchen,
die Schwieger kauft' Hof und Haus;
der wiegte gar bald ein Bübchen,
und sah aus heimlichem Stübchen
behaglich ins Feld hinaus.

Dem zweiten sangen und logen
die tausend Stimmen im Grund,
verlockend' Sirenen, und zogen
ihn in der buhlenden Wogen
farbig klingenden Schlund.

Und wie er auftaucht' vom Schlunde,
da war er müde und alt,
sein Schifflein das lag im Grunde,
so still wars rings in die Runde,
und über die Wasser wehts kalt.

Es singen und klingen die Wellen
des Frühlings wohl über mir;
und seh ich so kecke Gesellen,
die Tränen im Auge mir schwellen –
ach Gott, führ uns liebreich zu Dir!

Joseph von Eichendorff

Sehnsucht

Es schienen so golden die Sterne,
Am Fenster ich einsam stand
Und hörte aus weiter Ferne
Ein Posthorn im stillen Land.
Das Herz mir im Leibe entbrennte,
Da hab' ich mir heimlich gedacht:
Ach, wer da mitreisen könnte
In der prächtigen Sommernacht!

Zwei junge Gesellen gingen
Vorüber am Bergeshang,
Ich hörte im Wandern sie singen
Die stille Gegend entlang:
Von schwindelnden Felsenschlüften,
Wo die Wälder rauschen so sacht,
Von Quellen, die von den Klüften
Sich stürzen in die Waldesnacht.

Sie sangen von Marmorbildern,
Von Gärten, die überm Gestein
In dämmernden Lauben verwildern,
Palästen im Mondenschein,
Wo die Mädchen am Fenster lauschen,
Wann der Lauten Klang erwacht
Und die Brunnen verschlafen rauschen
In der prächtigen Sommernacht. –

Heinrich Heine

Philister im Sonntagsröcklein …

Philister im Sonntagsröcklein
Spazieren durch Wald und Flur;
Sie jauchzen, sie hüpfen wie Böcklein,
Begrüßen die schöne Natur.

Betrachten mit blinzelnden Augen,
Wie alles romantisch blüht;
Mit langen Ohren saugen
Sie ein der Spatzen Lied.

Ich aber verhänge die Fenster
Des Zimmers mit schwarzem Tuch;
Es machen mir meine Gespenster
Sogar einen Tagesbesuch.

Die alte Liebe erscheinet,
Sie stieg aus dem Totenreich,
Sie setzt sich zu mir und weinet
Und macht das Herz mir weich.

Heinrich Heine: **Auszug aus „Die Harzreise"**

(. . .)In diesem verworrenen Treiben, wo die Teller tanzen und die Gläser fliegen lernten, saßen mir gegenüber zwei Jünglinge, schön und blaß wie Marmorbilder, der eine mehr dem Adonis, der andere mehr dem Apollo ähnlich. Kaum bemerkbar war der leichte Rosenhauch, den der Wein über ihre Wangen hinwarf. Mit unendlicher Liebe sahen sie sich einander an, als wenn einer lesen könnte in den Augen des andern, und in diesen Augen strahlte es, als wären einige Lichttropfen hineingefallen aus jener Schale voll lodernder Liebe, die ein frommer Engel dort oben von einem Stern zum andern hinüberträgt. Sie sprachen leise, mit sehnsuchtbebender Stimme, und es waren traurige Geschichten, aus denen ein wunderschmerzlicher Ton hervorklang. „Die Lore ist jetzt auch tot!" sagte der eine und seufzte, und nach einer Pause erzählte er von einem Halleschen Mädchen, das in einen Studenten verliebt war und, als dieser Halle verließ, mit niemand mehr sprach und wenig aß und Tag und Nacht weinte und immer den Kanarienvogel betrachtete, den der Geliebte ihr einst geschenkt hatte. „Der Vogel starb, und bald darauf ist auch die Lore gestorben!", so schloß die Erzählung, und beide Jünglinge schwiegen wieder und seufzten, als wollte ihnen das Herz zerspringen. Endlich sprach der andere: ‚Meine Seele ist traurig! Komm mit hinaus in die dunkle Nacht! Einatmen will ich den Hauch der Wolken und die Strahlen des Mondes. Genosse meiner Wehmut! ich liebe dich, deine Worte tönen wie Rohrgeflüster, wie gleitende Ströme, sie tönen wider in meiner Brust, aber meine Seele ist traurig!"

Nun erhoben sich die beiden Jünglinge, einer schlang den Arm um den Nacken des andern, und sie verließen das tosende Zimmer. Ich folgte ihnen nach und sah, wie sie in eine dunkle Kammer traten, wie der eine, statt des Fensters, einen großen Kleiderschrank öffnete, wie beide vor demselben, mit sehnsüchtig ausgestreckten Armen, stehen blieben und wechselweise sprachen. „Ihr Lüfte der dämmernden Nacht!" rief der erste, „wie erquickend kühlt ihr meine Wangen! Wie lieblich spielt ihr mit meinen flatternden Locken! Ich steh' auf des Berges wolkigem Gipfel, unter mir liegen die schlafenden Städte der Menschen und blinken die blauen Gewässer. Horch! dort unten im Tale rauschen die Tannen! Dort über die Hügel ziehen, in Nebelgestalten, die Geister der Väter. O, könnt' ich mit euch jagen, auf dem Wolkenroß, durch die stürmische Nacht, über die rollende See, zu den Sternen hinauf! Aber ach! ich bin beladen mit Leid, und meine Seele ist traurig!" – Der andere Jüngling hatte ebenfalls seine Arme sehnsuchtsvoll nach dem Kleiderschrank ausgestreckt, Tränen stürzten aus seinen Augen, und zu einer gelbledernen Hose, die er für den Mond hielt, sprach er mit wehmütiger Stimme: „Schön bist du, Tochter des Himmels! Holdselig ist deines Antlitzes Ruhe! Du wandelst einher in Lieblichkeit! Die Sterne folgen deinen blauen Pfaden im Osten. Bei deinem Anblick erfreuen sich die Wolken, und es lichten sich ihre düstern Gestalten. Wer gleicht dir am Himmel, Erzeugte der Nacht? Beschämt in deiner Gegenwart sind die Sterne und wenden ab die grünfunkelnden Augen. Wohin, wenn des Morgens dein Antlitz erbleicht, entfliehst du von deinem Pfade? Hast du gleich mir deine Halle? Wohnst du im Schatten der Wehmut? Sind deine Schwestern vom Himmel gefallen? Sie, die freudig mit dir die Nacht durchwallten, sind sie nicht mehr? Ja, sie fielen herab, o schönes Licht, und du verbirgst dich oft, sie zu betrauern. Doch einst wird kommen die Nacht, und du, auch du bist vergangen und hast deine blauen Pfade dort oben verlassen. Dann erheben die Sterne ihre grünen Häupter, die einst deine Gegenwart beschämt, sie werden sich freuen. Doch jetzt bist du gekleidet in deiner Strahlenpracht und schaust herab aus den Toren des Himmels. Zerreißt die Wolken, o Winde, damit die Erzeugte der Nacht hervorzuleuchten vermag, und die buschigen Berge erglänzen, und das Meer seine schäumenden Wogen rolle in Licht!" (...)

Ulla Hahn

Flucht

Seit ich dich liebe wechsle ich
täglich die Kleider Frisuren
Gesichter Gebärden präge ich stündlich neu.
Und ich weiß: du tust das auch.
Ganz zu schweigen von aller Orten
über dem Erdball im Meer in der Luft
wo wir uns immer wieder anders
und enger verschwören
unsere Herzen zusammenschlagen
bis an die Stirn.
Aber die Zeit: sie spürt uns
überall auf mit immer neuen
Varianten des Unglücks
saugt sie uns aus:
bis auf unseren Lippen die
Farben der Liebe verbleichen
und wir daliegen: einzeln
und stumm unter
Liebesgaben begraben.

Hans Magnus Enzensberger

Der Fliegende Robert

Eskapismus, ruft ihr mir zu,
vorwurfsvoll.
Was denn sonst, antworte ich,
bei diesem Sauwetter! –,
spanne den Regenschirm auf
und erhebe mich in die Lüfte.
Von euch aus gesehen,
werde ich immer kleiner und kleiner,
bis ich verschwunden bin.
Ich hinterlasse nichts weiter
als eine Legende,
mit der ihr Neidhammel,
wenn es draußen stürmt,
euern Kindern in den Ohren liegt,
damit sie euch nicht davonfliegen.

Gottfried Benn

Gesänge

I

O daß wir unsere Ururahnen wären.
Ein Klümpchen Schleim in einem warmen Moor.
Leben und Tod, Befruchten und Gebären
glitte aus unseren stummen Säften vor.

Ein Algenblatt oder ein Dünenhügel:
vom Wind Geformtes und nach unten schwer.
Schon ein Libellenkopf, ein Möwenflügel
wäre zu weit und litte schon zu sehr.

II

Verächtlich sind die Liebenden, die Spötter,
Alles Verzweifeln, Sehnsucht, und wer hofft.
Wir sind so schmerzliche durchseuchte Götter
und dennoch denken wir des Gottes oft.

Die weiche Bucht. Die dunklen Wälderträume.
Die Sterne, schneeballblütengroß und schwer.
Die Panther springen lautlos durch die Bäume.
Alles ist Ufer. Ewig ruft das Meer –

Joseph von Eichendorff

Auf einer Burg

Eingeschlafen auf der Lauer
Oben ist der alte Ritter;
Drüber gehen Regenschauer,
Und der Wald rauscht durch das Gitter.

Eingewachsen Bart und Haare,
Und versteinert Brust und Krause,
Sitzt er viele hundert Jahre
Oben in der stillen Klause.

Draußen ist es still und friedlich,
Alle sind ins Tal gezogen,
Waldesvögel einsam singen
In den leeren Fensterbogen.

Eine Hochzeit fährt da unten
Auf dem Rhein in Sonnenpracht,
Musikanten spielen munter,
Und die schöne Braut die lacht.

Eine Hochzeit fährt da unten
Auf dem Rhein im Sonnenscheine,
Musikanten spielen munter,
Und die schöne Braut die weinet.

Arbeitsauftrag:

Erfinden Sie – ausgehend von einer der beiden Schluß-Varianten des Gedichts – einen Lebenslauf für die Braut. Die Textform (z. B. Bericht, Tagebuch etc.) bleibt Ihnen überlassen.

„Die Christenheit oder Europa"

Es waren schöne glänzende Zeiten, wo Europa ein christliches Land war, wo *Eine* Christenheit diesen menschlich gestalteten Weltteil bewohnte; *Ein* großes gemeinschaftliches Interesse verband die entlegensten Provinzen dieses weiten geistlichen Reichs. – Ohne große weltliche Besitztümer lenkte und vereinigte *Ein* Oberhaupt, die großen politischen Kräfte. – Eine zahlreiche Zunft zu der jedermann den Zutritt hatte, stand unmittelbar unter demselben und vollführte seine Winke und strebte mit Eifer seine wohltätige Macht zu befestigen. Jedes Glied dieser Gesellschaft wurde allenthalben geehrt, und wenn die gemeinen Leute Trost oder Hülfe, Schutz oder Rat bei ihm suchten, und gerne dafür seine mannigfaltigen Bedürfnisse reichlich versorgten, so fand es auch bei den Mächtigeren Schutz, Ansehn und Gehör, und alle pflegten diese auserwählten, mit wunderbaren Kräften ausgerüsteten Männer, wie Kinder des Himmels, deren Gegenwart und Zuneigung mannigfachen Segen verbreitete. Kindliches Zutrauen knüpfte die Menschen an ihre Verkündigungen. – Wie heiter konnte jedermann sein irdisches Tagewerk vollbringen, da ihm durch diese heilige Menschen eine sichere Zukunft bereitet, und jeder Fehltritt durch sie vergeben, jede mißfarbige Stelle des Lebens durch sie ausgelöscht, und geklärt wurde. Sie waren die erfahrnen Steuerleute auf dem großen unbekannten Meere, in deren Obhut man alle Stürme geringschätzen, und zuversichtlich auf eine sichre Gelangung und Landung an der Küste der eigentlichen vaterländischen Welt rechnen durfte. (…)

Novalis

Clemens Brentano

Brautgesang

Komm heraus, komm heraus, o du schöne, schöne Braut
Deine guten Tage sind nun alle, alle aus.
Dein Schleierlein weht so feucht und tränenschwer,
Oh, wie weinet die schöne Braut so sehr!
Mußt die Mägdlein lassen stehn,
Mußt nun zu den Frauen gehn.

Lege an, lege an heut auf kurze, kurze Zeit
Dein Seidenröselein, dein reiches Brautgeschmeid.
Dein Schleierlein weht so feucht und tränenschwer,
Oh, wie weinet die schöne Braut so sehr!
Mußt die Zöpflein schließen ein
Unterm goldnen Häubelein.

Lache nicht, lache nicht, deine Gold- und Perlenschuh'
Werden dich schon drücken, sind eng genug dazu.
Dein Schleierlein weht so feucht und tränenschwer,
Oh, wie weinet die schöne Braut so sehr!
Wenn die andern tanzen gehn,
Mußt du bei der Wiege stehn.

Winke nur, winke nur, sind gar leichte, leichte Wink',
Bis den Finger drücket der goldne Treuering.
Dein Schleierlein weht so feucht und tränenschwer,
Oh, wie weinet die schöne Braut so sehr!
Ringlein sehn heut lieblich aus,
Morgen werden Fesseln draus.

Springe heut, springe heut deinen letzten, letzten Tanz,
Welken erst die Rosen, stehen Dornen in dem Kranz.
Dein Schleierlein weht so feucht und tränenschwer,
Oh, wie weinet die schöne Braut so sehr!
Mußt die Blümlein lassen stehn,
Mußt nun auf den Acker gehn.

Joseph von Eichendorff

Der neue Rattenfänger

Juchheisa! Und ich führ den Zug,
Hopp, über Feld und Graben.
Des alten Plunders ist genug,
Wir wollen neuen haben.

Was! Wir gering? Ihr vornehm, reich?
Planierend schwirrt die Schere,
Seid Lumps wie wir, so sind wir gleich,
Hübsch breit wird die Misere!

Das alte Lied, das spiel ich neu,
Da tanzen alle Leute,
Das ist die Vaterländerei,
O Herr, mach uns gescheute!

Joseph von Eichendorff

Das zerbrochene Ringlein

In einem kühlen Grunde
Da geht ein Mühlenrad,
Mein' Liebste ist verschwunden,
Die dort gewohnet hat.

Sie hat mir Treu' versprochen,
Gab mir ein'n Ring dabei,
Sie hat die Treu' gebrochen,
Mein Ringlein sprang entzwei.

Ich möcht' als Spielmann reisen
Weit in die Welt hinaus,
Und singen meine Weisen,
Und gehn von Haus zu Haus.

Ich möcht' als Reiter fliegen
Wohl in die blut'ge Schlacht,
Um stille Feuer liegen
Im Feld bei dunkler Nacht.

Hör' ich das Mühlrad gehen:
Ich weiß nicht, was ich will –
Ich möcht' am liebsten sterben,
Da wär's auf einmal still!

Clemens Brentano

Der Spinnerin Lied

Es sang vor langen Jahren
Wohl auch die Nachtigall,
Das war wohl süßer Schall,
Da wir zusammen waren.

Ich sing und kann nicht weinen
Und spinne so allein
Den Faden klar und rein
Solang der Mond wird scheinen.

Da wir zusammen waren
Da sang die Nachtigall,
Nun mahnet mich ihr Schall,
Daß du von mir gefahren.

So oft der Mond mag scheinen,
Denk ich wohl dein allein,
Mein Herz ist klar und rein,
Gott wolle uns vereinen.

Seit du von mir gefahren,
Singt stets die Nachtigall,
Ich denk bei ihrem Schall,
Wie wir zusammen waren.

Gott wolle uns vereinen,
Hier spinn ich so allein,
Der Mond scheint klar und rein,
Ich sing und möchte weinen!

Wolf Wondratschek

Im Sommer

Einsam sein im Sommer
und hundemüde auf einen Liebesbrief warten,
das ist schlimm;
und abends zuschauen wie sich Lana Turner
in Robert Mitchum verliebt;
und wenn morgens die Sonne aufgeht,
hast du niemand getroffen,
in der Tür steckt kein Zettel „Ruf mich an“.
Ein Maler würde das Blau imitieren,
eine Flugzeugladung Menthol;
ein Dichter würde lieben
oder sterben;
ich starre, ohne hinauszuschauen
aus dem Fenster,
frühmorgens,
und sage „Ich liebe Dich“
ohne irgendwas
ohne irgendwen
zu meinen.

Arbeitsauftrag:

Suchen Sie ein Gedicht aus, und schreiben Sie einen „Seelsorge-Brief“ an das „lyrische Ich“. Gehen Sie auf seine jeweilige Situation ein, und geben Sie Ratschläge für die Zukunft.

Kurt Schwitters

An Anna Blume

O du, Geliebte meiner siebenundzwanzig Sinne, ich
liebe dir! – Du deiner dich dir, ich dir, du mir.
– Wir?
Das gehört (beiläufig) nicht hierher.
Wer bist du, ungezähltes Frauenzimmer? Du bist
– bist du? – Die Leute sagen, du wärest, – laß
sie sagen, sie wissen nicht, wie der Kirchturm steht.
Du trägst den Hut auf deinen Füßen und wanderst
auf die Hände, auf den Händen wanderst du.
Hallo, deine roten Kleider, in weiße Falten zersägt.
Rot liebe ich Anna Blume, rot liebe ich dir! – Du
deiner dich dir, ich dir, du mir. – Wir?
Das gehört (beiläufig) in die kalte Glut.
Rote Blume, rote Anna Blume, wie sagen die Leute?
Preisfrage: 1. Anna Blume hat ein Vogel.
2. Anna Blume ist rot.
3. Welche Farbe hat der Vogel?
Blau ist die Farbe deines gelben Haares.
Rot ist das Girren deines grünen Vogels.
Du schlichtes Mädchen im Alltagskleid, du liebes
grünes Tier, ich liebe dir! – Du deiner dich dir, ich
dir, du mir. – Wir?
Das gehört (beiläufig) in die Glutenkiste.
Anna Blume! Anna, a-n-n-a, ich träufle deinen
Namen. Dein Name tropft wie weiches Rindertalg.
Weißt du es, Anna, weißt du es schon?
man kann dich auch von hinten lesen, und du, du
Herrlichste von allen, du bist von hinten wie von
vorne: „a-n-n-a.“
Rindertalg träufelt streicheln über meinen Rücken.
Anna Blume, du tropfes Tier, ich liebe dir!

Arbeitsauftrag:

Betrachten Sie das Gedicht als „Liebesbrief“ an Sie, und schreiben Sie eine Antwort.

Adelbert von Chamisso

Die alte Waschfrau

Du siehst geschäftig bei dem Linnen
Die Alte dort in weißem Haar,
Die rüstigste der Wäscherinnen
Im sechsundsiebenzigsten Jahr.
So hat sie stets mit sauerm Schweiß
Ihr Brot in Ehr’ und Zucht gegessen.
Und ausgefüllt mit treuem Fleiß
Den Kreis, den Gott ihr zugemessen.

Sie hat in ihren jungen Tagen
Geliebt, gehofft und sich vermählt;
Sie hat des Weibes Loos getragen,
Die Sorgen haben nicht gefehlt;
Sie hat den kranken Mann gepflegt;
Sie hat drei Kinder ihm geboren;
Sie hat ihn in das Grab gelegt,
Und Glaub’ und Hoffnung nicht verloren.

Da galt’s die Kinder zu ernähren;
Sie griff es an mit heiterm Muth,
Sie zog sie auf in Zucht und Ehren,
Der Fleiß, die Ordnung sind ihr Gut.
Zu suchen ihren Unterhalt
Entließ sie segnend ihre Lieben,
So stand sie nun allein und alt,
Ihr war ihr heit’rer Muth geblieben.

Sie hat gespart und hat gesonnen
Und Flachs gekauft und Nachts gewacht,
Den Flachs zu feinem Garn gesponnen,
Das Garn dem Weber hingebracht;
Der hat’s gewebt zu Leinewand;
Die Scheere brauchte sie, die Nadel,
Und nähte sich mit eig’ner Hand,
Ihr Sterbehemde sonder Tadel.

Ihr Hemd, ihr Sterbehemd, sie schätzt es,
Verwahrt’s im Schrein am Ehrenplatz;
Es ist ihr Erstes und ihr Letztes,
Ihr Kleinod, ihr ersparter Schatz.
Sie legt es an, des Herren Wort
Am Sonntag früh sich einzuprägen,
Dann legt sie’s wohlgefällig fort,
Bis sie darin zur Ruh’ sie legen.

Arbeitsauftrag:

Die letzte Strophe des Gedichts, in der der Dichter zum Leben der alten Waschfrau Stellung bezieht, ist hier weggelassen. Verfassen Sie eine geeignete Kommentarstrophe.

Und ich, an meinem Abend, wollte,
Ich hätte, diesem Weibe gleich,
Erfüllt, was ich erfüllen sollte
In meinen Grenzen und Bereich;
Ich wollt’, ich hätte so gewußt
Am Kelch des Lebens mich zu laben,
Und könnt’ am Ende gleiche Lust
An meinem Sterbehemde haben.

Jean François Millet (1814-1875), Die Waschfrauen

Kurt Marti

Leichenrede

als sie mit zwanzig
ein kind erwartete
wurde ihr heirat
befohlen

als sie geheiratet hatte
wurde ihr verzicht
auf alle studienpläne
befohlen

als sie mit dreißig
noch unternehmungslust zeigte
wurde ihr dienst im hause
befohlen

als sie mit vierzig
noch einmal zu leben versuchte
wurde ihr anstand und tugend
befohlen

als sie mit fünfzig
verbraucht und enttäuscht war
zog ihr mann
zu einer jüngeren frau

liebe gemeinde
wir befehlen zu viel
wir gehorchen zu viel
wir leben zu wenig

Arbeitsauftrag:

Verändern Sie die „Leichenrede", indem Sie an entscheidenden Stellen in den Lebenslauf der Frau eingreifen: „... als sie geheiratet hatte, ..." oder: „... als sie mit dreißig ...".

Annette von Droste-Hülshoff

An Levin Schücking

O frage nicht, was mich so tief bewegt,
Seh ich dein junges Blut so freudig wallen,
Warum, an deine klare Stirn gelegt,
Mir schwere Tropfen aus den Wimpern fallen.

Mich träumte einst, ich sei ein albern Kind,
Sich emsig mühend an des Tisches Borden;
Wie übermächtig die Vokabeln sind,
Die wieder Hieroglyphen mir geworden!

Und als ich dann erwacht, da weint ich heiß,
Daß mir so klar und nüchtern jetzt zu Mute,
Daß ich so schrankenlos und überweis',
So ohne Furcht vor Schelten und vor Rute.

So, wenn ich schaue in dein Antlitz mild,
Wo tausend frische Lebenskeime walten,
Da ist es mir, als ob Natur mein Bild
Mir aus dem Zauberspiegel vorgehalten;

Und all mein Hoffen, meiner Seele Brand
Und meiner Liebessonne dämmernd Scheinen,
Was noch entschwinden wird und was entschwand
Das muß ich alles dann in dir beweinen.

Else Lasker-Schüler

Ein Liebeslied

Komm zu mir in der Nacht – wir schlafen engverschlungen.
Müde bin ich sehr, vom Wachen einsam.
Ein fremder Vogel hat in dunkler Frühe schon gesungen,
Als noch mein Traum mit sich und mir gerungen.

Es öffnen Blumen sich vor allen Quellen
Und färben sich mit deiner Augen Immortellen . . .

Komm zu mir in der Nacht auf Siebensternenschuhen
Und Liebe eingehüllt spät in mein Zelt.
Es steigen Monde aus verstaubten Himmelstruhen.

Wir wollen wie zwei seltene Tiere liebesruhen
Im hohen Rohre hinter dieser Welt.

Karoline von Günderode

Liebe

O reiche Armut! Gebend, seliges Empfangen!
In Zagheit Mut! in Freiheit doch gefangen.
  In Stummheit Sprache,
  Schüchtern bei Tage,
  Siegend mit zaghaftem Bangen.

Lebendiger Tod, im Einen sel'ges Leben
Schwelgend in Not, im Widerstand ergeben,
  Genießend schmachten,
  Nie satt betrachten
  Leben im Traum und doppelt Leben.

Sarah Kirsch

Die Luft riecht schon nach Schnee

Die Luft riecht schon nach Schnee, mein Geliebter
Trägt langes Haar, ach der Winter, der Winter der uns
Eng zusammenwirft steht vor der Tür, kommt
Mit dem Windhundgespann. Eisblumen
Streut er ans Fenster, die Kohlen glühen im Herd, und
Du Schönster Schneeweißer legst mir deinen Kopf in den Schoß
Ich sage das ist
Der Schlitten der nicht mehr hält, Schnee fällt uns
Mitten ins Herz, er glüht
Auf den Ascheküblen im Hof Darling flüstert die Amsel

Ulla Hahn

Mit Haut und Haar

Ich zog dich aus der Senke deiner Jahre
und tauchte dich in meinen Sommer ein
ich leckte dir die Hand und Haut und Haare
und schwor dir ewig mein und dein zu sein.

Du wendetest mich um. Du branntest mir dein Zeichen
mit sanftem Feuer in das dünne Fell.
Da ließ ich von mir ab. Und schnell
begann ich vor mir selbst zurückzuweichen

und meinem Schwur. Anfangs blieb noch Erinnern
ein schöner Überrest der nach mir rief.
Da aber war ich schon in deinem Innern
vor mir verborgen. Du verbargst mich tief.

Bis ich ganz in dir aufgegangen war:
da spucktest du mich aus mit Haut und Haar.

Ulla Hahn

Wartende

Sie sitzt an einem Tisch für zwei Personen
allein mit diesem wachen starren Blick
Schaut sie umher als hätt sie was verloren
und hält sich fest an einem Buch: Ihr Strick

der sie herauszieht aus den Augenpaaren
die nach ihr züngeln mitleidlos und spitz
wie Wellen über ihr zusammenschlagen
sie niederdrücken auf den Plastiksitz

der unter ihren Schenkeln klebt. Sie schwenkt
ihr Glas das Eis schmilzt klirrend schneller
sie selbst wird immer kleiner und versänk

gern als Erfindung in ihr Buch
das sie nun zuschlägt. Eh sie auftaucht
zahlt und geht. Es ist genug.

Annette Kast-Riedlinger

fehlbuchung

fehlbuchung
irrtum
storno

der kunde
wollte nur
einen tagesausflug
in den garten
der lüste

wir lieferten
aus versehen
ein unlimitiertes
abonnement
fürs paradies

fehlbuchung
irrtum
storno

Sarah Kirsch

[Aus „Wiepersdorf“ (9)]

Dieser Abend, Bettina, es ist
Alles beim alten. Immer
Sind wir allein, wenn wir den Königen schreiben
Denen des Herzens und jenen
Des Staats. Und noch
Erschrickt unser Herz
Wenn auf der anderen Seite des Hauses
Ein Wagen zu hören ist.

Heinrich Heine

1. Das Fräulein stand am Meere …

Das Fräulein stand am Meere
Und seufzte lang und bang,
Es rührte sie so sehre
Der Sonnenuntergang.
(…)

Caspar David Friedrich, Mondaufgang am Meer, 1822

2. Ich dacht an sie den ganzen Tag …

Ich dacht an sie den ganzen Tag,
Und dacht an sie die halbe Nacht.
Und als ich fest im Schlafe lag,
Hat mich ein Traum zu ihr gebracht.

Sie blüht wie eine junge Ros,
Und sitzt so ruhig, still beglückt.
(…)

3. Mir träumte wieder der alte Traum …

Mir träumte wieder der alte Traum:
Es war eine Nacht im Maie,
Wir saßen unter dem Lindenbaum,
Und schwuren uns ewige Treue.

Das war ein Schwören und Schwören aufs neu,
Ein Kichern, ein Kosen, ein Küssen;
(…)

4. Ich wollte bei dir weilen …

Ich wollte bei dir weilen
Und an deiner Seite ruhn;
Du mußtest von mir eilen;
Du hattest viel zu tun.

Ich sagte, daß meine Seele
Dir gänzlich ergeben sei;
Du lachtest aus voller Kehle,
Und machtest 'nen Knicks dabei.

Du hast noch mehr gesteigert
Mir meinen Liebesverdruß,
Und hast mir sogar verweigert
Am Ende den Abschiedskuß
(…)

5. Ich wollte, meine Lieder ...

Ich wollte, meine Lieder
Das wären Blümelein:
Ich schickte sie zu riechen
Der Herzallerliebsten mein.

Ich wollte, meine Lieder
Das wären Küsse fein:
Ich schickt sie heimlich alle
Nach Liebchens Wängelein.

Ich wollte, meine Lieder
(…)

Arbeitsauftrag:

Die Gedichte brechen an der entscheidenden Stelle ab. Schreiben Sie sie weiter, indem Sie die für Heine typische ironische Brechung nachahmen.

1. Das Fräulein stand am Meere …

Das Fräulein stand am Meere
Und seufzte lang und bang,
Es rührte sie so sehre
Der Sonnenuntergang.

„Mein Fräulein! sein Sie munter,
das ist ein altes Stück;
Hier vorne geht sie unter
Und kehrt von hinten zurück.“

2. Ich dacht an sie den ganzen Tag …

Ich dacht an sie den ganzen Tag,
Und dacht an sie die halbe Nacht.
Und als ich fest im Schlafe lag,
Hat mich ein Traum zu ihr gebracht.

Sie blüht wie eine junge Ros,
Und sitzt so ruhig, still beglückt.
Ein Rahmen liegt auf ihrem Schoß,
Worauf sie weiße Lämmchen stickt.

3. Mir träumte wieder der alte Traum …

Mir träumte wieder der alte Traum:
Es war eine Nacht im Maie,
Wir saßen unter dem Lindenbaum,
Und schwuren uns ewige Treue.

Das war ein Schwören und Schwören aufs neu,
Ein Kichern, ein Kosen, ein Küssen;
Daß ich gedenk des Schwures sei,
Hast du in die Hand mich gebissen.

O Liebchen mit den Äuglein klar!
O Liebchen schön und bissig!
Das Schwören in der Ordnung war,
Das Beißen war überflüssig.

4. Ich wollte bei dir weilen …

Ich wollte bei dir weilen
Und an deiner Seite ruhn;
Du mußtest von mir eilen;
Du hattest viel zu tun.

Ich sagte, daß meine Seele
Dir gänzlich ergeben sei;
Du lachtest aus voller Kehle,
Und machtest ’nen Knicks dabei.

Du hast noch mehr gesteigert
Mir meinen Liebesverdruß,
Und hast mir sogar verweigert
Am Ende den Abschiedskuß.

Glaub nicht, daß ich mich erschieße,
Wie schlimm auch die Sachen stehn
Das alles, meine Süße,
Ist mir schon einmal geschehn.

5. Ich wollte, meine Lieder …

Ich wollte, meine Lieder
Das wären Blümelein:
Ich schickte sie zu riechen
Der Herzallerliebsten mein.

Ich wollte, meine Lieder
Das wären Küsse fein:
Ich schickt sie heimlich alle
Nach Liebchens Wängelein.

Ich wollte, meine Lieder
Das wären Erbsen klein:
Ich kocht eine Erbsensuppe,
Die sollte köstlich sein.

Heinrich Heine

Es fällt ein Stern herunter …

Es fällt ein Stern herunter
Aus seiner funkelnden Höh!
Das ist der Stern der Liebe,
Den ich dort fallen seh.

Es fallen vom Apfelbaume
Der Blüten und Blätter viel!
Es kommen die neckenden Lüfte,
Und treiben damit ihr Spiel.

Es singt der Schwan im Weiher,
Und rudert auf und ab,
Und immer leiser singend,
Taucht er ins Flutengrab.

Es ist so still und dunkel!
Verweht ist Blatt und Blüt,
Der Stern ist knisternd zerstoben,
Verklungen das Schwanenlied.

Joseph von Eichendorff

Wünschelrute

Schläft ein Lied in allen Dingen,
Die da träumen fort und fort,
Und die Welt hebt an zu singen,
Triffst du nur das Zauberwort.

Heinrich Heine

Du bist wie eine Blume …

Du bist wie eine Blume,
So hold und schön und rein;
Ich schau dich an, und Wehmut
Schleicht mir ins Herz hinein.

Mir ist, als ob ich die Hände
Aufs Haupt dir legen sollt,
Betend, daß Gott dich erhalte
So rein und schön und hold.

Heinrich Heine

Leise zieht durch mein Gemüt …

Leise zieht durch mein Gemüt
Liebliches Geläute.
Klinge, kleines Frühlingslied,
Kling hinaus ins Weite.

Kling hinaus, bis an das Haus,
Wo die Blumen sprießen.
Wenn du eine Rose schaust,
Sag, ich laß sie grüßen.

Heinrich Heine

Ich weiß nicht, was soll es bedeuten …

Ich weiß nicht, was soll es bedeuten,
Daß ich so traurig bin;
Ein Märchen aus alten Zeiten,
Das kommt mir nicht aus dem Sinn.

Die Luft ist kühl und es dunkelt,
Und ruhig fließt der Rhein;
Der Gipfel des Berges funkelt
Im Abendsonnenschein.

Die schönste Jungfrau sitzet
Dort oben wunderbar,
Ihr goldnes Geschmeide blitzet,
Sie kämmt ihr goldenes Haar.

Sie kämmt es mit goldenem Kamme,
Und singt ein Lied dabei;
Das hat eine wundersame,
Gewaltige Melodei.

Den Schiffer im kleinen Schiffe
Ergreift es mit wildem Weh;
Er schaut nicht die Felsenriffe,
Er schaut nur hinauf in die Höh.

Ich glaube, die Wellen verschlingen
Am Ende Schiffer und Kahn;
Und das hat mit ihrem Singen
Die Lore-Ley getan.

Dampfer und Kräne erwachen am schmutzig fließenden Strom
Hellklingend laut geschmeidig über die eherne Ebene der Stadt
Schlägt an die Türme
Im Nebel ruhet noch die Welt
Ein starker Wind sprang empor
In warmem Golde fließen
Verdrossen klopfen die Glocken am verwitterten Dom
Noch träumen Wald und Wiesen
Öffnet des eisernen Himmels blutende Tore
Herbstkräftig die gedämpfte Welt
Den blauen Himmel unverstellt
Im bleichen Licht. Wild von der Nacht. Ihre Röcke wehn
Bald siehst du, wenn der Schleier fällt
Die Morgensonne rußig. Auf Dämmen donnern Züge
Durch Wolken pflügen goldne Engelflüge
Horch! Die Spatzen schrein
Singen Lerchen
Und draußen auf wilderen Feldern
In der Bäume zärtliches Grün
Viele Weiber siehst du und Mädchen zur Arbeit gehn
Glieder zur Liebe geschaffen
Hin zur Maschine und mürrischem Mühn
Sieh in das zärtliche Licht
Starker Wind über der bleichen Stadt

Arbeitsauftrag:

Der Text ist eine Montage aus zwei Gedichten zum Thema „Morgen".
Versuchen Sie die ursprünglichen Gedichte zu rekonstruieren.

Eduard Mörike

Septembermorgen

Im Nebel ruhet noch die Welt,
Noch träumen Wald und Wiesen:
Bald siehst du, wenn der Schleier fällt,
Den blauen Himmel unverstellt,
Herbstkräftig die gedämpfte Welt
In warmem Golde fließen.

Jakob van Hoddis

Morgens

Ein starker Wind sprang empor.
Öffnet des eisernen Himmels blutende Tore.
Schlägt an die Türme.
Hellklingend laut geschmeidig über die eherne Ebene der Stadt.
Die Morgensonne rußig. Auf Dämmen donnern Züge.
Durch Wolken pflügen goldne Engelflüge.
Starker Wind über der bleichen Stadt.
Dampfer und Kräne erwachen am schmutzig fließenden Strom.
Verdrossen klopfen die Glocken am verwitterten Dom.
Viele Weiber siehst du und Mädchen zur Arbeit gehn.
Im bleichen Licht. Wild von der Nacht. Ihre Röcke wehn.
Glieder zur Liebe geschaffen.
Hin zur Maschine und mürrischem Mühn.
Sieh in das zärtliche Licht.
In der Bäume zärtliches Grün.
Horch! Die Spatzen schrein.
Und draußen auf wilderen Feldern
Singen Lerchen.

Gipfeln spürest auch

über du Ruh balde

im

warte allen einen

allen ist Vögelein

nur

Hauch

ruhest schweigen

in

Wipfeln die

kaum

du Walde

Arbeitsauftrag: Rekonstruieren Sie das ursprüngliche Gedicht.

Zur Entstehung von „Wandrers Nachtlied“

Das Gedicht „Wanderers Nachtlied“ ist auf dem Kickelhahn, einem Aussichtsberg bei Ilmenau, entstanden. Der Berginspektor J.C. Mahr berichtet über Goethes letzten Besuch auf dem Kickelhahn.

Am 26. August 1831 gegen Abend traf Goethe mit seinen beiden Enkeln und Bedienung im Gasthofe zum Löwen hier ein. Der reinste, von Wolken ungetrübte Himmel gewährte die trefflichste Witterung. Er hatte mir seine Ankunft gleich melden und mich ihn zu besuchen bitten lassen; doch kam ich erst spät Abend aus dem Kammerberger Steinkohlenbergwerk nach Hause. Also besuchte ich ihn am 27. Morgens, wo er schon seit früh 4 Uhr an seinem Tische beschäftigt war. Seine Freude war, wie er sagte, sehr groß, die hiesige Gegend, welche er seit 30 Jahren nicht wieder besucht hatte, da er doch sonst so oft und so viel hier gewesen, wieder zu sehen. Seine beiden Enkel seien schon in Begleitung des Kammerdieners in die Berge gegangen und würden bis Mittag ausbleiben. Nach mehreren Erkundigungen, ob nicht wieder etwas in geognostischer Beziehung Merkwürdiges vorgekommen sei, fragte er dann, ob man wohl bequem zu Wagen auf den Kickelhahn fahren könne. Er wünsche das auf dem Kickelhahn befindliche, ihm von früherer Zeit her sehr merkwürdige Jagdhäuschen zu sehen, und daß ich ihn auf dieser Fahrt begleiten möge. Also fuhren wir beim heitersten Wetter auf der Waldstraße über Gabelbach. Unterwegs ergötzte ihn der beim Chausseebau tief ausgehauene Metaphyr-Fels, sowohl wegen seines merkwürdigen Vorkommens mitten im Feldsteinporphyr als wegen des schönen Anblicks von der Straße aus. Weiterhin setzten ihn die nach Anordnung des Oberforstraths König in den Großherzoglichen Waldungen angelegten Alleen und geebneten Wege in ein freudiges Erstaunen, indem er sie mit den früher äußerst schlechten, ihm sehr wohl bekannten Fahrstraßen auf den Wald verglich. Ganz bequem waren wir so bis auf den höchsten Punkt des Kickelhahns gelangt, als er ausstieg, sich erst an der kostbaren Aussicht auf dem Rondel ergötzte, dann über die herrliche Waldung freute und dabei ausrief: „Ach! hätte doch dieses Schöne mein guter Großherzog Carl August noch einmal sehen können!“ Hierauf fragte er: „Das kleine Waldhaus muß hier in der Nähe sein? Ich kann zu Fuß dahin gehen und die Chaise soll hier so lange warten, bis wir zurückkommen.“ Wirklich schritt er rüstig durch die auf der Kuppe des Berges ziemlich hochstehenden Heidelbeersträuche hindurch, bis zu dem wohlbekannten zweistöckigen Jagdhause, welches aus Zimmerholz und Breterbeschlag besteht. Eine steile Treppe führt in den obern Theil desselben. Ich erbot mich ihn zu führen; er aber lehnte es mit jugendlicher Munterkeit ab, ob er gleich Tags darauf seinen 82. Geburtstag feierte, mit den Worten: „Glauben Sie ja nicht, daß ich die Treppe nicht steigen könnte; das geht mit mir noch recht sehr gut.“ Beim Eintritt in das obere Zimmer sagte er: „Ich habe in früherer Zeit in dieser Stube mit meinem Bedienten im Sommer acht Tage gewohnt und damals einen kleinen Vers hier an die Wand geschrieben. Wohl möchte ich diesen Vers nochmals sehen und wenn der Tag darunter bemerkt ist, an welchem es geschehen, so haben Sie die Güte mir solchen aufzuzeichnen.“ Sogleich führte ich ihn an das südliche Fenster der Stube, an welchem links mit Bleistift geschrieben steht:

Ueber allen Gipfeln ist Ruh,
In allen Wipfeln spürest du
Kaum einen Hauch.
Die Vögelein schweigen im Walde;
Warte nur, balde
Ruhest du auch.

D. 7. September 1783. Goethe.

Goethe überlas diese wenigen Verse und Thränen flossen über seine Wangen. Ganz langsam zog er sein schneeweißes Taschentuch aus seinem dunkelbraunen Tuchrock, trocknete sich die Thränen und sprach in sanftem, wehmüthigem Ton: „Ja warte nur balde ruhest du auch!“, schwieg eine halbe Minute, sah nochmals durch das Fenster in den düstern Fichtenwald, und wendete sich darauf zu mir, mit den Worten: „Nun wollen wir wieder gehen.“

Jagdhütte auf dem Kickelhahn vor dem Brand von 1870

Joseph von Eichendorff

Morgengebet

O wunderbares, tiefes Schweigen,
Wie einsam ist's noch auf der Welt!
Die Wälder nur sich leise neigen,
Als ging' der Herr durchs stille Feld.

Ich fühl' mich recht wie neu geschaffen,
Wo ist die Sorge nun und Not?
Was mich noch gestern wollt' erschlaffen,
Ich schäm' mich des im Morgenrot.

Die Welt mit ihrem Gram und Glücke
Will ich, ein Pilger, frohbereit
Betreten nur wie eine Brücke
Zu Dir, Herr, übern Strom der Zeit.

Und buhlt mein Lied, auf Weltgunst lauernd,
Um schnöden Sold der Eitelkeit:
Zerschlag mein Saitenspiel und schauernd
Schweig ich vor Dir in Ewigkeit.

Eduard Mörike

Das verlassene Mägdlein

Früh, wann die Hähne krähn,
Eh die Sternlein verschwinden,
Muß ich am Herde stehn,
Muß Feuer zünden.

Schön ist der Flammen Schein,
Es springen die Funken;
Ich schaue so drein
In Leid versunken.

Plötzlich, da kommt es mir,
Treuloser Knabe,
Daß ich die Nacht von dir
Geträumet habe.

Träne auf Träne dann
Stürzet hernieder;
So kommt der Tag heran –
O ging er wieder!

Eduard Mörike

Früh im Wagen

Es graut vom Morgenreif
In Dämmerung das Feld,
Da schon ein blasser Streif
Den fernen Ost erhellt;

Man sieht im Lichte bald
Den Morgenstern vergehn,
Und doch am Fichtenwald
Den vollen Mond noch stehn:

So ist mein scheuer Blick,
Den schon die Ferne drängt,
Noch in das Schmerzensglück
Der Abschiedsnacht versenkt.

Dein blaues Auge steht,
Ein dunkler See, vor mir,
Dein Kuß, dein Hauch umweht,
Dein Flüstern mich noch hier.

An deinem Hals begräbt
Sich weinend mein Gesicht,
Und Purpurschwärze webt
Mir vor dem Auge dicht.

Eduard Mörike

In der Frühe

Kein Schlaf noch kühlt das Auge mir,
Dort gehet schon der Tag herfür
An meinem Kammerfenster.
Es wühlet mein verstörter Sinn
Noch zwischen Zweifeln her und hin
Und schaffet Nachtgespenster.

– Ängste, quäle
Dich nicht länger, meine Seele!
Freu dich! schon sind da und dorten
Morgenglocken wach geworden.

Paul Zech

Gegen Morgen

Die niederen Häuser längs des Kanals
Schwimmen wie schwarze Särge daher.
Schlanker Turm äugt über das Brückenwehr
Und reckt sich wie ein Giraffenhals.

Vom Dach kriecht gelblicher Nebel zu Tal
Und wogt und wühlt wie ein Meer.
Schroff und novemberleer
Wandert der Bäume endlose Zahl.

Durch die Straßen, fröstelnd und abgedacht,
Schrillt schon eines Dampfhorns Gebell
Und der Wind erwacht

Und schwätzt sich von Haus zu Haus …
Die Fenster sind alle hell
Und horchen hinaus.

Peter Huchel

Frühe

Wenn aus den Eichen
der Tau der Frühe leckt,
knarren die Türen, rädern die Speichen,
vom Schrei der Hähne geweckt.

Noch unterm Laken
des Mondes schlafen die Wiesen, kühl und hell.
Die Sumpffeuer blaken,
die Frösche rühren ihr Paukenfell.

Mondhörnig schüttelt
sein Haupt das Rind
und weidet dunkel am Bach.

Der Habicht rüttelt
im stürzenden Wind
die Helle der Lerchen wach.

Sarah Kirsch

Watt III

Ich Erlkönigs Tochter hab eine
Ernsthafte Verabredung mit zwei
Apokalyptischen Reitern im Watt ein
Techtelmechtel auf unsicherem Boden
Jetzt ehe der Morgen sich rötet.
Drehender Nebelqualm bemerkenswert
Eiliger Schneefall stellen ne schöne
Verbindlichkeit her das legt sich
Auf Möwenkadaver Colabüchsen der
Abgeblaßte Mond auf der Hurtigroute
Zwischen kopulierenden Wolken bezeugt er
Dem Albatros höchste Bewunderung wie der
Von Süden herüberkömmt während Jupiter
Über dem Kuhstall später der Bohrinsel glänzt.
Happy Neujahr! rufen die Seenotraketen
Und der Jung aus Büsum wird niemals
Gefunden es fallen die Krähen
Schwarze Äpfel vom einzigen Baum.

O Nacht –

O Nacht! Ich nahm schon Kokain,
und Blutverteilung ist im Gange,
das Haar wird grau, die Jahre fliehn,
ich muß, ich muß im Überschwange
noch einmal vorm Vergängnis blühn.

O Nacht! Ich will ja nicht so viel,
ein kleines Stück Zusammenballung,
ein Abendnebel, eine Wallung
von Raumverdrang, von Ichgefühl.

Tastkörperchen, Rotzellensaum,
ein Hin und Her und mit Gerüchen,
zerfetzt von Worte-Wolkenbrüchen –:
zu tief im Hirn, zu schmal im Traum.

Die Steine flügeln an die Erde,
nach kleinen Schatten schnappt der Fisch,
nur tückisch durch das Ding-Gewerde
taumelt der Schädel-Flederwisch.

O Nacht! Ich mag dich kaum bemühn!
Ein kleines Stück nur, eine Spange
von Ichgefühl – im Überschwange
noch einmal vorm Vergängnis blühn!

O Nacht, o leih mir Stirn und Haar,
verfließ dich um das Tag-verblühte;
sei, die mich aus der Nervenmythe
Zu Kelch und Krone heimgebar.

O still! Ich spüre kleines Rammeln:
Es sternt mich an – es ist kein Spott –:
Gesicht, ich: mich, einsamen Gott,
sich groß um einen Donner sammeln.

Tristesse

Die Schatten wandeln nicht nur in den Hainen,
davor die Asphodelenwiese* liegt,
sie wandeln unter uns und schon in deinen
Umarmungen, wenn noch der Traum dich wiegt.

Was ist das Fleisch – aus Rosen und aus Dornen,
was ist die Brust – aus Falten und aus Samt,
und was das Haar, die Achseln, die verworrnen
Vertiefungen, der Blick so heiß entflammt:

Es trägt das Einst: die früheren Vertrauten
und auch das Einst: wenn du es nicht mehr küßt,
hör gar nicht hin, die leisen und die lauten
Beteuerungen haben ihre Frist.

Und dann November, Einsamkeit, Tristesse,
Grab oder Stock, der den Gelähmten trägt –
die Himmel segnen nicht, nur die Zypresse,
der Trauerbaum, steht groß und unbewegt.

Anmerkung

*Asphodelen: Liliengewächs aus der Mittelmeerregion

Arbeitsauftrag:

Die beiden Gedichte stammen vom selben Dichter, allerdings entstanden sie in unterschiedlichen Lebensaltern. Welches ist das Jugendgedicht, welches das Altersgedicht? Begründen Sie Ihre Wahl.

Martin Opitz

Ach Liebste laß uns eilen ...

Ach Liebste laß uns eilen   Wir haben Zeit:
Es schadet das Verweilen   Uns beiderseit.

Der schönsten Schönheit Gaben   Fliehn Fuß für Fuß,
Daß alles was wir haben   Verschwinden muß.

Der Wangen Zier verbleichet   Das Haar wird greis,
Der Äuglein Feuer weichet   Die Flamm wird Eis.

Das Mündlein von Korallen   Wird ungestalt.
Die Händ als Schnee verfallen   Und du wirst alt.

Drum laß uns jetzt genießen   Der Jugend Frucht,
Eh denn wir folgen müssen   Der Jahre Flucht,

Wo du dich selber liebest,   So liebe mich,
Gib mir daß wann du gibest   Verlier auch ich.

Andreas Gryphius

Es ist alles eitel

Du siehst, wohin du siehst, nur Eitelkeit auf Erden.
Was dieser heute baut, reißt jener morgen ein;
Wo jetzund Städte stehn, wird eine Wiese sein,
Auf der ein Schäferskind wird spielen mit den Herden.

Was jetzund prächtig blüht, soll bald zertreten werden;
Was jetzt so pocht und trotzt, ist morgen Asch und Bein;
Nichts ist, das ewig sei, kein Erz, kein Marmorstein.
Jetzt lacht das Glück uns an, bald donnern die Beschwerden.

Der hohen Taten Ruhm muß wie ein Traum vergehn.
Soll denn das Spiel der Zeit, der leichte Mensch, bestehn?
Ach, was ist alles dies, was wir vor köstlich achten,

Als schlechte Nichtigkeit, als Schatten, Staub und Wind,
Als eine Wiesenblum, die man nicht wiederfindt!
Noch will, was ewig ist, kein einig Mensch betrachten.

Arbeitsauftrag:

Untersuchen und vergleichen Sie die Haltung zur Welt, die in den beiden Gedichten zum Ausdruck kommt. Erklären Sie Ihre Ergebnisse, indem Sie Kenntnisse über die Entstehungszeit einbeziehen. Untersuchen Sie auffällige sprachliche Merkmale in beiden Gedichten.

Johann Wolfgang von Goethe

Prometheus

Bedecke deinen Himmel, Zeus,
Mit Wolkendunst
Und übe, dem Knaben gleich,
Der Disteln köpft,
An Eichen dich und Bergeshöhn!
Mußt mir meine Erde
Doch lassen stehn
Und meine Hütte, die du nicht gebaut,
Und meinen Herd
Um dessen Glut
Du mich beneidest.

Ich kenne nichts Ärmeres
Unter der Sonn als euch, Götter!
Ihr nähret kümmerlich
Von Opfersteuern
Und Gebetshauch
Eure Majestät
Und darbtet, wären
Nicht Kinder und Bettler
Hoffnungsvolle Toren.

Da ich ein Kind war,
Nicht wußte, wo aus noch ein,
Kehrt ich mein verirrtes Auge
Zur Sonne, als wenn drüber wär
Ein Ohr, zu hören meine Klage,
Ein Herz wie meins,
Sich des Bedrängten zu erbarmen.

Wer half mir
Wider der Titanen Übermut?
Wer rettete vom Tode mich,
Von Sklaverei?
Hast du nicht alles selbst vollendet,
Heilig glühend Herz?
Und glühtest jung und gut,
Betrogen, Rettungsdank
Dem Schlafenden da droben?

Ich dich ehren? Wofür?
Hast du die Schmerzen gelindert
Je des Beladenen?
Hast du die Tränen gestillet
Je des Geängsteten?
Hat nicht mich zum Manne geschmiedet
Die allmächtige Zeit
Und das ewige Schicksal,
Meine Herrn und deine?

Wähntest du etwa,
Ich sollte das Leben hassen,
In Wüsten fliehen,
Weil nicht alle
Blütenträume reiften?

Hier sitz ich, forme Menschen
Nach meinem Bilde,
Ein Geschlecht, das mir gleich sei,
Zu leiden, zu weinen,
Zu genießen und zu freuen sich,
Und dein nicht zu achten,
Wie ich!

Johann Wolfgang von Goethe

Grenzen der Menschheit

Wenn der uralte,
Heilige Vater
Mit gelassener Hand
Aus rollenden Wolken
Segnende Blitze
Über die Erde sät,
Küß ich den letzten
Saum seines Kleides,
Kindliche Schauer
Treu in der Brust.

Denn mit Göttern
Soll sich nicht messen
Irgendein Mensch.
Hebt er sich aufwärts
Und berührt
Mit dem Scheitel die Sterne,
Nirgends haften dann
Die unsichern Sohlen,
Und mit ihm spielen
Wolken und Winde.

Steht er mit festen,
Markigen Knochen
Auf der wohlgegründeten
Dauernden Erde,
Reicht er nicht auf,
Nur mit der Eiche
Oder der Rebe
Sich zu vergleichen.

Was unterscheidet
Götter von Menschen?
Daß viele Wellen
Von jenen wandeln,
Ein ewiger Strom:
Uns hebt die Welle,
verschlingt die Welle,
Und wir versinken.

Ein kleiner Ring
Begrenzt unser Leben,
Und viele Geschlechter
Reihen sich dauernd
An ihres Daseins
Unendliche Kette.

Arbeitsauftrag:

In „Grenzen der Menschheit" herrscht ein anderer Ton als in „Prometheus". Was hat sich im Leben Goethes wohl für ein Wandel vollzogen in der Zeitspanne, die zwischen der Entstehung der beiden Gedichte liegt?

Und Kuppeln gleichen Bojen, Schlote Pfählen
Im Dünen, Kommen, Gehen, Gleiten, Ziehen
Gemengt, entwirrt nach blauen Melodien
Im Wasser. Schwarze Essendämpfe schwelen
Der Himmel fließt in steinernen Kanälen
Und sind wie Wasserpflanzen anzuschauen
Wie eines Wassers Bodensatz und Tand
Denn zu Kanälen steilrecht ausgehauen
Die Leben, die sich ganz am Grunde stauen
Im linden Spiel der großen Wellenhand
Sind alle Straßen, voll vom Himmelblauen
Beginnen sacht vom Himmel zu erzählen
Regt sie des Wassers Wille und Verstand
Die Menschen sind wie grober bunter Sand

Arbeitsauftrag:

Das sind die vermischten Zeilen eines Stadtgedichtes mit dem Titel „Blauer Abend in Berlin".
Versuchen Sie, die ursprüngliche Form wiederherzustellen.

Oskar Loerke

Blauer Abend in Berlin

Der Himmel fließt in steinernen Kanälen;
Denn zu Kanälen steilrecht ausgehauen
Sind alle Straßen, voll vom Himmelblauen;
Und Kuppeln gleichen Bojen, Schlote Pfählen

Im Wasser. Schwarze Essendämpfe schwelen
Und sind wie Wasserpflanzen anzuschauen.
Die Leben, die sich ganz am Grunde stauen,
Beginnen sacht vom Himmel zu erzählen,

Gemengt, entwirrt nach blauen Melodien.
Wie eines Wassers Bodensatz und Tand
Regt sie des Wassers Wille und Verstand

Im Dünen, Kommen, Gehen, Gleiten, Ziehen.
Die Menschen sind wie grober bunter Sand
Im linden Spiel der großen Wellenhand.

Robert Delaunay, Eiffelturm mit Bäumen, 1910

Schweiß kittet die bröckelnden Fugen fest;
Schweiß aus vielerlei Blutsaft gegoren
Und ein Frommsein enteitert dem greisen Gebrest.

Aber stille blutet in dunkler Höhle stummere Menschheit,
Fügt aus harten Metallen das erlösende Haupt.

Verträumte Polizisten watscheln bei Laternen.
Zerbrochne Bettler meckern, wenn sie Leute ahnen.
An manchen Ecken stottern starke Straßenbahnen,
Und sanfte Autodroschken fallen zu den Sternen.

Hellwild rattert und knattert die Pendelbahn
Über Brücken und hagre Alleen.
Fabrik dort unten, wo Spindeln sich kreischend drehen,
Ist grau wie ein müder vermorschter Kahn.

O, der Wahnsinn der großen Stadt, da am Abend
An schwarzer Mauer verkrüppelte Bäume starren,
Aus silberner Maske der Geist des Bösen schaut;
Licht mit magnetischer Geißel die steinerne Nacht verdrängt.
O, das versunkene Läuten der Abendglocken.

Mancher hat hier sein Herz verludert, verloren;
Kinder gezeugt mit schwachen Fraun ...
Doch die Kirchen und Krämer stehn hart wie aus Erz gehauen.

Um harte Häuser humpeln Huren hin und wieder,
Die melancholisch ihren reifen Hintern schwingen.
Viel Himmel liegt zertrümmert auf den herben Dingen ...
Wehleidge Kater schreien schmerzhaft helle Lieder.

Schwarze Stadt an schwarzem Gewässer steilaufgebaut –
Grünbeliderte Fenster funkeln;
Aus dem gespenstischen Schieferdachdunkeln
Schnelln Schornsteine von Dampf und Dunst umbraut.

Hure, die in eisigen Schauern ein totes Kindlein gebärt.
Rasend peitscht Gottes Zorn die Stirne des Besessenen,
Purpurne Seuche, Hunger, der grüne Augen zerbricht.
O, das gräßlich Lachen des Golds.

Arbeitsauftrag:

Die Strophen dreier Gedichte sind in bunter Reihenfolge miteinander vermischt.
Rekonstruieren Sie die drei Gedichte.

Georg Trakl

An die Verstummten

O, der Wahnsinn der großen Stadt, da am Abend
An schwarzer Mauer verkrüppelte Bäume starren,
Aus silberner Maske der Geist des Bösen schaut;
Licht mit magnetischer Geißel die steinerne Nacht verdrängt.
O, das versunkene Läuten der Abendglocken.

Hure, die in eisigen Schauern ein totes Kindlein gebärt.
Rasend peitscht Gottes Zorn die Stirne des Besessenen,
Purpurne Seuche, Hunger, der grüne Augen zerbricht.
O, das gräßliche Lachen des Golds.

Aber stille blutet in dunkler Höhle stummere Menschheit,
Fügt aus harten Metallen das erlösende Haupt.

Paul Zech

Fabrikstädte an der Wupper
Die andere Stadt

Schwarze Stadt an schwarzem Gewässer steilaufgebaut –
grünbeliderte Fenster funkeln;
aus dem gespenstischen Schieferdachdunkeln
schnelln Schornsteine von Dampf und Dunst umbraut.

Hellwild rattert und knattert die Pendelbahn
über Brücken und hagre Alleen.
Fabrik dort unten, wo Spindeln sich kreischend drehen,
ist grau wie ein müder vermorschter Kahn.

Schweiß kittet die bröckelnden Fugen fest;
Schweiß aus vielerlei Blutsaft gegoren
und ein Frommsein enteitert dem greisen Gebrest.

Mancher hat hier sein Herz verludert, verloren;
Kinder gezeugt mit schwachen Fraun ...
Doch die Kirchen und Krämer stehn hart wie aus Erz gehauen.

Alfred Lichtenstein

Die Nacht

Verträumte Polizisten watscheln bei Laternen.
Zerbrochne Bettler meckern, wenn sie Leute ahnen.
An manchen Ecken stottern starke Straßenbahnen,
Und sanfte Autodroschken fallen zu den Sternen.

Um harte Häuser humpeln Huren hin und wieder,
Die melancholisch ihren reifen Hintern schwingen.
Viel Himmel liegt zertrümmert auf den herben Dingen ...
Wehleidge Kater schreien schmerzhaft helle Lieder.

Verfall

Am Abend, wenn die Glocken Frieden läuten,
Folg ich der Vögel _______ Flügen,
Die lang geschart, gleich _______ Pilgerzügen,
Entschwinden in den _______ _______ Weiten.

Hinwandelnd durch den _______ Garten
Träum ich nach ihren _______ Geschicken
Und fühl der Stunden Weiser kaum mehr rücken.
So folg ich über Wolken ihren Fahrten.

Da macht ein Hauch mich von Verfall erzittern
Die Amsel klagt in den _______ Zweigen.
Es schwankt der _______ Wein an _______ Gittern,

Indes wie _______ Kinder Todesreigen
Um dunkle Brunnenränder, die verwittern,
Im Wind sich _______ _______ Astern neigen.

Im Winter

Der Acker leuchtet _______ und _______ .
Der Himmel ist _______ und _______ .
Dohlen kreisen über dem Weiher
Und Jäger steigen nieder vom Wald.

Ein Schweigen in _______ Wipfeln wohnt.
Ein Feuerschein huscht aus den Hütten.
Bisweilen schellt _______ ein Schlitten
Und langsam steigt der _______ Mond.

Ein Wild verblutet _______ am Rain
Und Raben plätschern in _______ Gossen.
Das Rohr bebt _______ und _______ .
Frost, Rauch, ein Schritt im _______ Hain.

Arbeitsauftrag:

Bei den Gedichten sind die Adjektive weggelassen. Setzen Sie passende ein.

Georg Trakl

Verfall

Am Abend, wenn die Glocken Frieden läuten,
Folg ich der Vögel wundervollen Flügen,
Die lang geschart, gleich frommen Pilgerzügen,
Entschwinden in den herbstlich klaren Weiten.

Hinwandelnd durch den dämmervollen Garten
Träum ich nach ihren helleren Geschicken
Und fühl der Stunden Weiser kaum mehr rücken.
So folg ich über Wolken ihren Fahrten.

Da macht ein Hauch mich von Verfall erzittern.
Die Amsel klagt in den entlaubten Zweigen.
Es schwankt der rote Wein an rostigen Gittern,

Indes wie blasser Kinder Todesreigen
Um dunkle Brunnenränder, die verwittern,
Im Wind sich fröstelnd blaue Astern neigen.

Georg Trakl

Im Winter

Der Acker leuchtet weiß und kalt.
Der Himmel ist einsam und ungeheuer.
Dohlen kreisen über dem Weiher
Und Jäger steigen nieder vom Wald.

Ein Schweigen in schwarzen Wipfeln wohnt.
Ein Feuerschein huscht aus den Hütten.
Bisweilen schellt sehr fern ein Schlitten
Und langsam steigt der graue Mond.

Ein Wild verblutet sanft am Rain
Und Raben plätschern in blutigen Gossen.
Das Rohr bebt gelb und aufgeschossen.
Frost, Rauch, ein Schritt im leeren Hain.

Georg Heym

Alle Landschaften haben ...

Alle Landschaften haben
Sich mit Blau erfüllt.
Alle Büsche und Bäume des Stromes.
Der weit in den Norden schwillt.

Leichte Geschwader, Wolken,
Weiße Segel dicht,
Die Gestade des Himmels dahinter
Zergehen in Wind und Licht.

Wenn die Abende sinken
Und wir schlafen ein,
Gehen die Träume, die schönen,
Mit leichten Füßen herein.

Zymbeln lassen sie klingen
In den Händen licht.
Manche flüstern und halten
Kerzen vor ihr Gesicht.

Georg Trakl

In den Nachmittag geflüstert

Sonne, herbstlich dünn und zag.
Und das Obst fällt von den Bäumen.
Stille wohnt in blauen Räumen
Einen langen Nachmittag.

Sterbeklänge von Metall:
Und ein weißes Tier bricht nieder.
Brauner Mädchen rauhe Lieder
Sind verweht im Blätterfall.

Stirne Gottes Farben träumt,
Spürt des Wahnsinns sanfte Flügel.
Schatten drehen sich am Hügel
Von Verwesung schwarz umsäumt.

Dämmerung voll Ruh und Wein;
Traurige Guitarren rinnen.
Und zur milden Lampe drinnen
Kehrst du wie im Traume ein.

Motiv „Landschaft“

Detlev von Liliencron

Die Sonne leiht dem Schnee ...

Die Sonne leiht dem Schnee das Prachtgeschmeide,
Doch ach! wie kurz ist Schein und Licht.
Ein Nebel tropft, und traurig zieht im Leide
Die Landschaft ihren Schleier dicht.

Ein Häslein nur fühlt noch des Lebens Wärme,
Am Weidenstumpfe hockt es bang.
Doch kreischen hungrig schon die Rabenschwärme
Und hacken auf den sichern Fang.

Bis auf den schwarzen Schlammgrund sind gefroren
Die Wasserlöcher und der See.
Zuweilen geht ein Wimmern, wie verloren,
Dann stirbt im toten Wald ein Reh.

Georg Trakl

Im Winter

Der Acker leuchtet weiß und kalt.
Der Himmel ist einsam und ungeheuer.
Dohlen kreisen über dem Weiher
Und Jäger steigen nieder vom Wald.

Ein Schweigen in schwarzen Wipfeln wohnt.
Ein Feuerschein huscht aus den Hütten.
Bisweilen schellt sehr fern ein Schlitten
Und langsam steigt der graue Mond.

Ein Wild verblutet sanft am Rain.
Und Raben plätschern in blutigen Gossen.
Das Rohr bebt gelb und aufgeschossen.
Frost, Rauch, ein Schritt im leeren Hain.

Motiv „Krieg“

Detlev von Liliencron

In memoriam

Wilde Rosen überschlugen
Tiefer Wunden rotes Blut.
Windverwehte Klänge trugen
Siegesmarsch und Siegesflut.

Nacht. Entsetzen überspülte
Dorf und Dach in Lärm und Glut.
„Wasser...“ Und die Hand zerwühlte
Gras und Staub in Dursteswut.

Morgen. Gräbergraber. Grüfte.
Manch ein letzter Atemzug.
Weither witternd durch die Lüfte
Braust und graust ein Geierflug.

Georg Trakl

Im Osten

Den wilden Orgeln des Wintersturms
Gleicht des Volkes finstrer Zorn,
Die purpurne Woge der Schlacht,
Entlaubter Sterne.

Mit zerbrochenen Brauen, silbernen Armen
Winkt sterbenden Soldaten die Nacht.
Im Schatten der herbstlichen Esche
Seufzen die Geister der Erschlagenen.

Dornige Wildnis umgürtet die Stadt.
Von blutenden Stufen jagt der Mond
Die erschrockenen Frauen.
Wilde Wölfe brachen durchs Tor.

Motiv „Mensch – Gott“

Michael Franck

Ach wie flüchtig, ach wie nichtig

1. Ach wie flüchtig, ach wie nichtig
ist der Menschen Leben!
Wie ein Nebel bald entstehet
und auch wieder bald vergehet,
so ist unser Leben, sehet!

2. Ach wie nichtig, ach wie flüchtig
sind der Menschen Tage!
Wie ein Strom beginnt zu rinnen
und mit Laufen nicht hält innen,
so fährt unsre Zeit von hinnen.

3. Ach wie flüchtig, ach wie nichtig
ist der Menschen Freude!
Wie sich wechseln Stund und Zeiten,
Licht und Dunkel, Fried und Streiten,
so sind unsre Fröhlichkeiten.

4. Ach wie nichtig, ach wie flüchtig
ist der Menschen Schöne!
Wie ein Blümlein bald vergehet,
wenn ein rauhes Lüftlein wehet,
so ist unsre Schöne, sehet!

5. Ach wie flüchtig, ach wie nichtig
ist der Menschen Glücke!
Wie sich eine Kugel drehet,
die bald da, bald dorten stehet,
so ist unser Glücke, sehet!

6. Ach wie nichtig, ach wie flüchtig
sind der Menschen Schätze!
Es kann Glut und Flut entstehen,
dadurch, eh wir uns versehen,
alles muß zu Trümmern gehen.

7. Ach wie flüchtig, ach wie nichtig
ist der Menschen Prangen!
Der im Purpur hoch vermessen
ist als wie ein Gott gesessen,
dessen wird im Tod vergessen.

8. Ach wie nichtig, ach wie flüchtig
sind der Menschen Sachen!
Alles, alles was wir sehen,
das muß fallen und vergehen.
Wer Gott fürcht', wird ewig stehen.

Georg Trakl

Menschheit

Menschheit vor Feuerschlünden aufgestellt,
Ein Trommelwirbel, dunkler Krieger Stimmen,
Schritte durch Blutnebel; schwarzes Eisen schellt,
Verzweiflung, Nacht in traurigen Gehirnen:
Hier Evas Schatten, Jagd und rotes Geld.
Gewölk, das Licht durchbricht, das Abendmahl.
Es wohnt in Brot und Wein ein sanftes Schweigen
Und jene sind versammelt zwölf an Zahl.
Nachts schrein im Schlaf sie unter Ölbaumzweigen;
Sankt Thomas taucht die Hand ins Wundenmal.

Alfred Lichtenstein

Die Dämmerung

auf dem Feld zwei Lahme

Der Himmel

in einem Baum gefangen

zieht sich die Stiefel an

schreit und

Ein blonder Dichter

ein weiches Weib besuchen

die Schminke ausgegangen

ein fetter Mann

Hunde

Ein Pferdchen stolpert

mit einem Teich

wird vielleicht verrückt

Als wäre ihm

Der Wind hat sich

schief herabgebückt

Ein Kinderwagen

Ein dicker Junge spielt

über eine Dame

Auf lange Krücken

An einem Fenster klebt

Ein grauer Clown

Und schwatzend kriechen

sieht verbummelt aus und bleich

Ein Jüngling will

fluchen

Arbeitsauftrag:

Rekonstruieren Sie das Gedicht aus seinen Bauelementen.

Alfred Lichtenstein

Die Dämmerung

Ein dicker Junge spielt mit einem Teich.
Der Wind hat sich in einem Baum gefangen.
Der Himmel sieht verbummelt aus und bleich,
Als wäre ihm die Schminke ausgegangen.

Auf lange Krücken schief herabgebückt
Und schwatzend kriechen auf dem Feld zwei Lahme.
Ein blonder Dichter wird vielleicht verrückt.
Ein Pferdchen stolpert über eine Dame.

An einem Fenster klebt ein fetter Mann.
Ein Jüngling will ein weiches Weib besuchen.
Ein grauer Clown zieht sich die Stiefel an.
Ein Kinderwagen schreit und Hunde fluchen.

Johann Wolfgang von Goethe

Dämmrung senkte sich von oben

Dämmrung senkte sich von oben,
Schon ist alle Nähe fern;
Doch zuerst emporgehoben
Holden Lichts der Abendstern!
Alles schwankt ins Ungewisse,
Nebel schleichen in die Höh';
Schwarzvertiefte Finsternisse
Widerspiegelnd ruht der See.

Nun im östlichen Bereiche
Ahn' ich Mondenglanz und -glut,
Schlanker Weiden Haargezweige
Scherzen auf der nächsten Flut.
Durch bewegter Schatten Spiele
Zittert Lunas Zauberschein,
Und durchs Auge schleicht die Kühle
Sänftigend ins Herz hinein.

Joseph von Eichendorff

Zwielicht

Dämmrung will die Flügel spreiten,
Schaurig rühren sich die Bäume,
Wolken ziehn wie schwere Träume –
Was will dieses Graun bedeuten?

Hast ein Reh du lieb vor andern,
Laß es nicht alleine grasen,
Jäger ziehn im Wald und blasen,
Stimmen hin und wieder wandern.

Hast du einen Freund hienieden,
Trau ihm nicht zu dieser Stunde,
Freundlich wohl mit Aug und Munde,
Sinnt er Krieg im tückschen Frieden.

Was heut müde gehet unter,
Hebt sich morgen neugeboren.
Manches bleibt in Nacht verloren –
Hüte dich, bleib wach und munter!

Theodor Storm

Dämmerstunde

Im Sessel du, und ich zu deinen Füßen –
Das Haupt zu dir gewendet, saßen wir;
Und sanfter fühlten wir die Stunden fließen,
Und stiller ward es zwischen mir und dir;
Bis unsre Augen ineinandersanken
Und wir berauscht der Seele Atem tranken.

Theodor Storm

Meeresstrand

Ans Haff nun fliegt die Möwe,
Und Dämmrung bricht herein;
Über die feuchten Watten
Spiegelt der Abendschein.

Graues Geflügel huschet
Neben dem Wasser her;
Wie Träume liegen die Inseln
Im Nebel auf dem Meer.

Ich höre des gärenden Schlammes
Geheimnisvollen Ton,
Einsames Vogelrufen –
So war es immer schon.

Noch einmal schauert leise
Und schweiget dann der Wind;
Vernehmlich werden die Stimmen,
Die über der Tiefe sind.

Paul Zech

Im Dämmer

Im schwarzen Spiegel der Kanäle zuckt
die bunte Lichterkette der Fabriken.
Die niedren Straßen sind bis zum Ersticken
mit Rauch geschwängert, den ein Windstoß niederduckt.

Ein Menschentrupp, vom Frondienst abgehärmt,
schwankt schweigsam durch die ärmlichen Kabinen,
indessen sich in den verqualmten Kantinen
die tolle Jugend fuselselig lärmt.

Noch einmal wirft der Drahtseilzug mit Kreischen
den Schlackenschutt hinunter in die flachen
Gelände, drin der Schwefelsumpf erlischt.

Fern aber ragen schon vom Dampf umzischt
des Walzwerks zwiegespaltne Feuerrachen
und harren des Winks, den Himmel zu zerfleischen.

Georg Trakl

Zu Abend mein Herz

Am Abend hört man den Schrei der Fledermäuse.
Zwei Rappen springen auf der Wiese.
Der rote Ahorn rauscht.
Dem Wanderer erscheint die kleine Schenke am Weg.
Herrlich schmecken junger Wein und Nüsse.
Herrlich: betrunken zu taumeln in dämmernden Wald.
Durch schwarzes Geäst tönen schmerzliche Glocken.
Auf das Gesicht tropft Tau.

Volker Braun

Jazz

Das ist das Geheimnis des Jazz:
Der Baß bricht dem erstarrten Orchester aus.
Das Schlagzeug zertrommelt die geistlosen Lieder.
Das Klavier seziert den Kadaver Gehorsam.
Das Saxophon zersprengt die Fessel Partitur:
Bebt, Gelenke: wir spielen ein neues Thema aus
Wozu ich fähig bin und wessen ich bedarf: ich selbst zu sein –
Hier will ich es sein: ich singe mich selbst.
Und aus den Trümmern des dunklen Bombasts Akkord
Aus dem kahlen Notenstrauch reckt sich was her über uns
Herzschlag Banjo, Mundton der Saxophone:
Reckt sich unsere Harmonie auf: bewegliche Einheit –
Jeder spielt sein Bestes aus zum gemeinsamen Thema.
Das ist die Musik der Zukunft: jeder ist ein Schöpfer.
Du hast das Recht, du zu sein, und ich bin ich:
Und mit keinem verbünden wir uns, der nicht er selber ist
Unverwechselbar er im Lieben, im Haß.

Volker Braun

Regierungserlaß

Du bist nicht nur gut für die Drehbank, den Dumper
Den Platzkartenschalter: dein Name ist nötig
Auf den Dekreten, deine Stimme erst
Leiht den Gesetzen Kraft. Aber wer hört sie
Wenn du den Stahl treibst und nichts weiter
Wo bleibt sie ab, deine Sache, unbesehn
Vor aller Augen? Schweig du, betäubt
Vom Schichtsoll: und die Schwäche bläht sich
Auf den Sesseln. Schließe die Lider im Schweiß
Und die Macht ist einsam. Dein guter Rat
Ist teuer. Unbesehn nimm
Keinen Ruhm, keine Ruhe: Treu und Glauben
Sind Sprüche auf faulem Holz. Wer wenn nicht du
Der das Öl kippt ins Getriebe und karrt
Und Gas gibt, reinigt vom Unrat
Die Maschine des Staats? du bist gut
Deine Sache zu treiben, vor aller Augen
Wie den Stahl auf der Drehbank, den Pflug
Ins verschlossene Feld.

Volker Braun

Einer

1
Er ist kein Krieger, kein Lohnsklave, kein Konzernschreiber
Und doch kennt er Kampf und Not und Qual
Er lebt unter uns. Sein Name ist bekannt.
Es betrifft diesen Einzelnen. Einen Menschen mit einem Namen.
Ist es erlaubt, von e i n e m Menschen zu reden?

Er hat ein Herz, wie es die Liebenden malen
Zwei volle Bögen, die endlich einander begegnen:
Es pocht den vollen Bogen der Lust aus und den vollen Bogen der Ungeduld
Doch wir sagten ihm: dieser simple Hohlmuskel
Pocht bißchen viel Lärm aus sich!

Und wir wollten den Schlag der Hämmer nur hören und nicht den Herzschlag
Oder wir wollten, daß beides synchron erschalle
Den schnelleren Herzlärm wollten wir nicht begreifen.

Und sein Herz litt Not, kämpfte, quälte sich
Mitten unter uns, sein Name war uns bekannt

Und als sein Lärm ausblieb, mußte sein Herz
In die Obhut der Ärzte, dieser
Simple Hohlmuskel.

2
Darf auch nur e i n Mensch
Allein treiben im Schiff seiner Lust?
Darf auch nur e i n Mensch
Fliegen am Mast seiner Ungeduld?

Darf auch nur e i n Mensch
Verlorengehn?

3
Hier?

Bertolt Brecht

Lob der Partei

Der Einzelne hat zwei Augen
Die Partei hat tausend Augen.
Die Partei sieht sieben Staaten
Der Einzelne sieht eine Stadt.
Der Einzelne hat seine Stunde
Aber die Partei hat viele Stunden.
Der Einzelne kann vernichtet werden
Aber die Partei kann nicht vernichtet werden.
Denn sie ist der Vortrupp der Massen
Und führt ihren Kampf
Mit den Methoden der Klassiker, welche geschöpft sind
Aus der Kenntnis der Wirklichkeit.

Bertolt Brecht

Fragen eines lesenden Arbeiters

Wer baute das siebentorige Theben?
In den Büchern stehen die Namen von Königen.
Haben die Könige die Felsbrocken herbeigeschleppt?
Und das mehrmals zerstörte Babylon –
Wer baute es so viele Male auf? In welchen Häusern
Des goldstrahlenden Lima wohnten die Bauleute?
Wohin gingen an dem Abend, wo die Chinesische Mauer fertig war
Die Maurer? Das große Rom
Ist voll von Triumphbögen. Wer errichtete sie? Über wen
Triumphierten die Cäsaren? Hatte das vielbesungene Byzanz
Nur Paläste für seine Bewohner? Selbst in dem sagenhaften Atlantis
Brüllten in der Nacht, wo das Meer es verschlang
Die Ersaufenden nach ihren Sklaven.

Der junge Alexander eroberte Indien.
Er allein?
Cäsar schlug die Gallier.
Hatte er nicht wenigstens einen Koch bei sich?
Philipp von Spanien weinte, als seine Flotte
Untergegangen war. Weinte sonst niemand?
Friedrich der Zweite siegte im Siebenjährigen Krieg. Wer
Siegte außer ihm?

Jede Seite ein Sieg,
Wer kochte den Siegesschmaus?
Alle zehn Jahre ein großer Mann.
Wer bezahlte die Spesen?

So viele Berichte.
So viele Fragen.

Arbeitsauftrag:

Verfassen Sie zu einem der beiden Gedichte Brechts ein „Gegengedicht“, das von der politischen Haltung Volker Brauns geprägt ist.

Volker Braun

Lob der Massen

Die Partei arbeitet für alle
Aber sie schafft nicht alle Arbeit.
Die Partei weist einen Weg
Aber sie braucht die Weisheit aller.

Nur alle sind gerade genug.

Von ihnen geht sie aus, und zu ihnen geht sie
Aber in ihnen wird sie aufgehen ganz.

Sie sind die Kraft der Partei.
Sie sagt: richtet euch auf!
Und sie erreichen die volle Größe.
Die Partei ist der Vortrupp
Aber sie sind das Heer
Das die Schlacht schlägt.

Volker Braun

Fragen eines regierenden Arbeiters

So viele Berichte.
So wenig Fragen.
Die Zeitungen melden unsere Macht.
Wie viele von uns
Nur weil sie nichts zu melden hatten
Halten noch immer den Mund versteckt
Wie ein Schamteil?
Die Sender funken der Welt unsern Kurs.
Wie, an den laufenden Maschinen, bleibt
Uns eine Wahl zwischen zwei Hebeln?
Auf den Plätzen stehn unsere Namen.
Steht jeder auf dem Platz
Die neuen Beschlüsse
Zu verfügen? Viele verfügen sich nur
In die Fabriken. Auf den Thronen sitzen
Unsre Leute: fragt ihr uns
Oft genug? Warum
Reden wir nicht immer?

Erich Kästner

Kennst du das Land, wo die Kanonen blühn?

Kennst Du das Land, wo die Kanonen blühn?
Du kennst es nicht? Du wirst es kennenlernen!
Dort stehn die Prokuristen stolz und kühn
in den Bureaus, als wären es Kasernen.

Dort wachsen unterm Schlips Gefreitenknöpfe.
Und unsichtbare Helme trägt man dort.
Gesichter hat man dort, doch keine Köpfe.
Und wer zu Bett geht, pflanzt sich auch schon fort!

Wenn dort ein Vorgesetzter etwas will
– und es ist sein Beruf etwas zu wollen –,
steht der Verstand erst stramm und zweitens still.
Die Augen rechts! Und mit dem Rückgrat rollen!

Die Kinder kommen dort mit kleinen Sporen
und mit gezognem Scheitel auf die Welt.
Dort wird man nicht als Zivilist geboren.
Dort wird befördert, wer die Schnauze hält.

Kennst Du das Land? Es könnte glücklich sein.
Es könnte glücklich sein und glücklich machen!
Dort gibt es Äcker, Kohle, Stahl und Stein
und Fleiß und Kraft und andre schöne Sachen.

Selbst Geist und Güte gibt's dort dann und wann!
Und wahres Heldentum. Doch nicht bei vielen.
Dort steckt ein Kind in jedem zweiten Mann.
Das will mit Bleisoldaten spielen.

Dort reift die Freiheit nicht. Dort bleibt sie grün.
Was man auch baut – es werden stets Kasernen.
Kennst Du das Land, wo die Kanonen blühn?
Du kennst es nicht? Du wirst es kennenlernen!

Johann Wolfgang von Goethe

Mignons Lied

Kennst du das Land, wo die Zitronen blühn,
Im dunkeln Laub die Gold-Orangen glühn,
Ein sanfter Wind vom blauen Himmel weht,
Die Myrte still und hoch der Lorbeer steht,
Kennst du es wohl?
  Dahin! Dahin
Möcht' ich mit dir, o mein Geliebter, ziehn!

Kennst du das Haus, auf Säulen ruht sein Dach,
Es glänzt der Saal, es schimmert das Gemach,
Und Marmorbilder stehn und sehn mich an:
Was hat man dir, du armes Kind getan?
Kennst du es wohl?
  Dahin! Dahin
Möcht' ich mit dir, o mein Beschützer, ziehn!

Kennst du den Berg und seinen Wolkensteg?
Das Maultier sucht im Nebel seinen Weg,
In Höhlen wohnt der Drachen alte Brut,
Es stürzt der Fels und über ihn die Flut:
Kennst du ihn wohl?
  Dahin! Dahin
Geht unser Weg; o Vater, laß uns ziehn!

Karl Krolow

Ein Ähnliches

Hübsch eingeritzt
– ein für allemal sitzt
das, spürest du.
Du bist im Nu
wie die Vögelein schweigend im Walde.
Warte nur: Balde
rutscht die Müllhalde
auf dich zu.

Johann Wolfgang von Goethe

Wandrers Nachtlied
Ein Gleiches

Über allen Gipfeln
Ist Ruh,
In allen Wipfeln
Spürest du
Kaum einen Hauch;
Die Vögelein schweigen im Walde.
Warte nur, balde
Ruhest du auch.

Hans Quest als Beckmann in der Aufführung „Draußen vor der Tür“ von Wolfgang Borchert an den Hamburger Kammerspielen 1947

Kriegsheimkehrer aus Sibirien

A 16.2 Eich „Inventur“ – Tagebuchnotiz verfassen

Günter Eich

Inventur

Dies ist meine Mütze,
Dies ist mein Mantel,
Hier mein Rasierzeug
Im Beutel aus Leinen.

Konservenbüchse:
Mein Teller, mein Becher,
Ich hab in das Weißblech
Den Namen geritzt.

Geritzt hier mit diesem
Kostbaren Nagel,
Den vor begehrlichen
Augen ich berge.

Im Brotbeutel sind
Ein Paar wollene Socken
Und einiges, was ich
Niemand verrate,

So dient es als Kissen
Nachts meinem Kopf.
Die Pappe hier liegt
Zwischen mir und der Erde.

Die Bleistiftmine
Lieb ich am meisten:
Tags schreibt sie mir Verse,
Die nachts ich erdacht.

Dies ist mein Notizbuch,
Dies ist meine Zeltbahn,
Dies ist mein Handtuch,
Dies ist mein Zwirn.

Hans Werner Richter

Fünfzehn Jahre [Gruppe 47]

Der Ursprung der Gruppe 47 ist politisch-publizistischer Natur. Nicht Literaten schufen sie, sondern politisch engagierte Publizisten mit literarischen Ambitionen. [...]
Aus dieser Absicht heraus wandten sie sich gegen die „Kalligraphen“, wie sie die Schönschreiber der Vergangenheit nannten, begannen die „Sklavensprache“ zu roden, sie von dem Gestrüpp der Propagandasprache zu reinigen und sie gleichzeitig von der wortreichen, stilistisch übergewandten, nicht mehr klaren und nicht mehr verständlichen „inneren Emigrationsliteratur“ zu befreien. Wolfgang Weyrauch, der damals noch nicht der Gruppe 47 angehörte, nannte diesen Versuch „den Kahlschlag“ und schreibt 1949 im Nachwort zu einer Kurzgeschichtensammlung, die er „Tausend Gramm“ nannte:
„Wir sind glücklich darüber, daß unsre Einsamkeit beendet ist, daß die Vielfalt der Literaturen der ganzen Erde, ihre Thesen und die Zeugnisse ihrer Thesen, uns durchsäuert. Wir hatten das bitter nötig, und wir haben es bitter nötig. [...]“
Die Kahlschlägler fangen in Sprache, Substanz und Konzeption von vorn an. Es sei erlaubt, das, was ich meine, durch ein Gedicht zu exemplifizieren, durch die außerordentlichen Verse Günter Eichs, die er „Inventur“ überschrieben hat [...]
Indem Eich und die Verfasser der Kahlschlag-Prosa, wie jeder an diesem Gedicht [...] ablesen kann, von vorn anfangen, ganz von vorn, bei der Addition der Teile und Teilchen der Handlung, beim A-B-C der Sätze und Wörter, beim Stand der Anabasis[1], widerstreiten sie, manchmal sogar ultimativ, dem Fortbestand der kalligraphischen (Alfred Andersch) Literatur in Deutschland, der Verhängung und dem Verhängnis eines neuen Nebels bei uns...
Die Männer des Kahlschlags schreiben die Fibel der neuen deutschen Prosa. Sie setzen sich dem Spott der Snobs und dem Verdacht der Nihilisten und Optimisten aus: ach, diese Leute schreiben so, weil sie es nicht besser verstehen. Aber die vom Kahlschlag wissen, oder sie ahnen es doch mindestens, daß dem neuen Anfang der Prosa in unserem Land allein die Methode und die Intention des Pioniers angemessen sind. Die Methode der Bestandsaufnahme. Die Intention der Wahrheit. Beides um den Preis der Poesie. Wo der Anfang der Existenz ist, ist auch der Anfang der Literatur.
[...]

[[1] Anfang einer Entwicklung]

Günter Kunert

Über einige Davongekommene

Als der Mensch
Unter den Trümmern
Seines
Bombardierten Hauses
Hervorgezogen wurde,
Schüttelte er sich
Und sagte:
Nie wieder.

Jedenfalls nicht gleich.

(1949)

Hans Bender

Heimkehr

Im Rock des Feindes,
in zu großen Schuhen,
im Herbst,
auf blattgefleckten Wegen
gehst du heim.
Die Hähne krähen
deine Freude in den Wind,
und zögernd pocht
dein Knöchel
an die stumme,
neue Tür.

(1949)

Erich Fried

Spruch

Ich bin der Sieg
Mein Vater war der Krieg
Der Friede ist mein lieber Sohn
Der gleicht meinem Vater schon.

(1945)

Ernst Jandl

1944	**1945**
krieg	krieg
krieg	krieg
krieg	krieg
krieg	krieg
krieg	mai
krieg	
krieg	
krieg	
krieg	
krieg	
krieg	
krieg	

(markierung einer wende)

Christa Reinig

Das Jahr 1945

(gesehen im Jahre 1945)

Wir sind dabei, den leibgurt zu zerkauen,
und keiner mehr, der noch vergangnes schmähte,
die freiheit ist ein trug, den wir durchschauen,
nichts als der knechtschaft aufgeplatzte nähte

und alle, die der hunger niedermähte,
die wollten knechte sein und gut verdauen,
und manche schlüpften durch die stacheldrähte
und dürfen draußen neue waffen bauen

da hört man räuber aus der bibel lesen
und mörder über menschenrechte schreien
und vollgefressene sind höhre wesen –

das können wir der Freiheit nicht verzeihen,
für uns bleibt alles, wie es stets gewesen,
und wieder wird uns wer erneut befreien

Wolfgang Borchert

Am Fenster eines Wirtshauses beim Steinhuder Meer

Auf dem Nachhausewege 1945

Die Apfelblüten tun sich langsam zu
beim Abendvers der süßen Vogelkehle.
Die Frösche sammeln sich am Fuß des Stegs.
Die Biene summt den Tag zur Ruh –
nur meine Seele
ist noch unterwegs.

Die Straße sehnt sich nach der nahen Stadt,
Wo in der Nacht das Leben weiterglimmt,
weil hier noch Herzen schlagen.
Wer jetzt noch kein Zuhause hat,
wenn ihn die Nacht gefangen nimmt,
der muß noch lange fragen:

Warum die Blumen leidlos sind –
warum die Vögel niemals weinen –
und ob der Mond wohl auch so müde ist –

Und dann erbarmt sich leis ein Wind des einen,
bis er – im Schlaf – die Welt vergißt.

Bertolt Brecht

Epistel an die Augsburger

Und als dann kam der Monat Mai
War ein tausendjähriges Reich vorbei.

Und herunter kamen die Hindenburggass'
Jungens aus Missouri mit Bazookas und Kameras

Und fragten nach der Richtung und kleinerer Beute
Und einem Deutschen, der den zweiten Weltkrieg
bereute.

Der Irreführer lag unter der Reichskanzlei
Niederstirnige Leichen mit Bärtchen gab es zwei,
drei.

In Straßengräben faulten Feldmarschälle.
Schlächter bat Schlächter, daß er's Urteil fälle.

Die Wicken blühten. Die Hähne schwiegen betroffen.
Die Türen waren geschlossen. Die Dächer standen
offen.

Christa Reinig

Mein besitz

Ich habe einen mantel in die jackentasche zu stecken
einen taschenmantel
ich habe ein radio in die jackentasche zu stecken
ein taschenradio
ich habe eine bibel in die jackentasche zu stecken
eine taschenbibel
ich habe gar keine solche jacke mit taschen
gar keine jackentasche

ich habe eine schnapsflasche mit zwölf gläsern für mich
und alle meine onkels und tanten
ich habe eine kaffeekanne mit vier tassen für mich
und meine drei besten freundinnen
ich habe ein schachbrett mit schwarzen und weißen steinen für mich
und einen freund
ich habe gar keine freunde einzuladen
niemanden

ich habe einen Himmel endlos über mir
darunter mich wiederzufinden
ich habe eine stadt voll straßen endlos
darin mir zu begegnen
ich habe ein lied endlos und endlos
darin ein- und auszuatmen
ich habe nicht mehr als ein gras zwischen zwei pflastersteinen
nicht mehr zu leben

Peter Handke

Die drei Lesungen des Gesetzes

1.
Jeder Staatsbürger hat das Recht –
Beifall
seine Persönlichkeit frei zu entfalten –
Beifall
insbesondere hat er das Recht auf:
Arbeit –
Beifall
Freizeit –
Beifall
Freizügigkeit –
Beifall
Bildung –
Beifall
Versammlung –
Beifall
sowie auf Unantastbarkeit der Person –
starker Beifall.

2.
Jeder Staatsbürger hat das Recht –
Beifall

Rufe: Hört! Hört!

Unruhe, Beifall

Zischen, Beifall, amüsiertes Lachen, Unruhe

schwacher Beifall, höhnisches Lachen, Scharren, Unruhe

starke Unruhe, Murren, unverständliche Zwischenrufe, Türenschlagen, höhnischer Beifall

Pultdeckelschlagen, Pfeifen, allgemeine Unruhe, Lärm, vereinzelte Bravorufe, Protestklatschen, Rufe wie: Endlich! oder: Das hat uns noch gefehlt!, Trampeln, Gebrüll, Platzen von Papiertüten

Unruhe und höhnischer Beifall.

A 17.2 Handke „Die drei Lesungen des Gesetzes“ – Gedicht komplettieren

3.
Jeder Staatsbürger hat das Recht,

Allgemeiner stürmischer, nichtendenwollender Beifall.

Arbeitsauftrag:
Ergänzen Sie die weggelassenen Teile der „Lesung“.

Peter Handke

Die drei Lesungen des Gesetzes

1.
Jeder Staatsbürger hat das Recht –
Beifall
seine Persönlichkeit frei zu entfalten –
Beifall
insbesondere hat er das Recht auf:
Arbeit –
Beifall
Freizeit –
Beifall
Freizügigkeit –
Beifall
Bildung –
Beifall
Versammlung –
Beifall
sowie auf Unantastbarkeit der Person –
starker Beifall.

2.
Jeder Staatsbürger hat das Recht –
Beifall
im Rahmen der Gesetze seine Persönlichkeit frei zu entfalten –
Rufe: Hört! Hört!
insbesondere hat er das Recht auf:
Arbeit entsprechend den gesellschaftlichen Erfordernissen –
Unruhe, Beifall
auf Freizeit nach Maßgabe seiner gesellschaftlich notwendigen Arbeitskraft –
Zischen, Beifall, amüsiertes Lachen, Unruhe
auf Freizügigkeit, ausgenommen die Fälle, in denen eine ausreichende Lebensgrundlage nicht vorhanden ist und der Allgemeinheit daraus besondere Lasten entstehen würden –
schwacher Beifall, höhnisches Lachen, Scharren, Unruhe
auf Bildung, soweit die ökonomischen Verhältnisse sie sowohl zulassen als auch nötig machen –
starke Unruhe, Murren, unverständliche Zwischenrufe, Türenschlagen, höhnischer Beifall
auf Versammlung nach Maßgabe der Unterstützung der Interessen der Mitglieder der Allgemeinheit –
Pultdeckelschlagen, Pfeifen, allgemeine Unruhe, Lärm, vereinzelte Bravorufe, Protestklatschen, Rufe wie: Endlich! oder: Das hat uns noch gefehlt!, Trampeln, Gebrüll, Platzen von Papiertüten
sowie auf Unantastbarkeit der Person –
Unruhe und höhnischer Beifall.

3.
Jeder Staatsbürger hat das Recht,
im Rahmen der Gesetze und der guten Sitten seine Persönlichkeit frei zu entfalten,
insbesondere hat er das Recht auf Arbeit entsprechend den wirtschaftlichen und sittlichen Grundsätzen der Allgemeinheit –
das Recht auf Freizeit nach Maßgabe der allgemeinen wirtschaftlichen Erfordernisse und den Möglichkeiten eines durchschnittlich leistungsfähigen Bürgers – das Recht auf Freizügigkeit, ausgenommen die Fälle, in denen eine ausreichende Lebensgrundlage nicht vorhanden ist und der Allgemeinheit dadurch besondere Lasten entstehen würden oder aber zur Abwehr einer drohenden Gefahr für den Bestand der Allgemeinheit oder zum Schutz vor sittlicher und leistungsabträglicher Verwahrlosung oder zur Erhaltung eines geordneten Ehe-, Familien- und Gemeinschaftslebens –
das Recht auf Bildung, soweit sie für den wirtschaftlich-sittlichen Fortschritt der Allgemeinheit sowohl zuträglich als auch erforderlich ist und soweit sie nicht Gefahr läuft, den Bestand der Allgemeinheit in ihren Grundlagen und Zielsetzungen zu gefährden –
das Recht auf Versammlung nach Maßgabe sowohl der Festigung als auch des Nutzens der Allgemeinheit und unter Berücksichtigung von Seuchengefahr, Brandgefahr und drohenden Naturkatastrophen –
sowie das Recht auf Unantastbarkeit der Person:
Allgemeiner stürmischer, nichtendenwollender Beifall.

Hans Magnus Enzensberger

vorschlag zur strafrechtsreform

wegen staatsgefährdender störung in tateinheit mit schwerem forstwiderstand wird bestraft

wer gegenstände zur verschönerung öffentlicher wege böswillig verschleiert
wer eine frau zur gestattung des beischlafs verleitet oder einen andern irrtum in ihr erregt
wer die überwachung von fernmeldeanlagen stört
wer vorsätzlich süßstoff herstellt

wer den gebrauch gewisser beteuerungsformeln unterläßt
wer ohne erlaubnis der zuständigen behörde an syphilis gelitten hat
wer auf einer wasserstraße gegenstände hinlegt
wer länger als drei volle kalendertage abwesend ist

wer auf einem eisenbahnhofe mittels abschneidens ein wichtiges glied einer amtsperson verringert
wer es unternimmt luftfahrer auszubilden
wer witwenkassen errichtet
wer orden in verkleinerter form trägt

wer nach gewissenhafter prüfung die obrigkeit verächtlich macht
wer an einer zusammenrottung teilnimmt
wer von den reisewegen abweicht
wer eine tatsache behauptet

wer ein männliches tier zur besamung verwendet
wer sich kein unterkommen verschafft hat
wer befehle böswillig abreißt
wer die schlagkraft gefährdet

wer ein zeichen der hoheit beschädigt
wer sich dem müßiggang hingibt
wer einrichtungen beschimpft
wer seine richtung ändern will

wer sich mit wort und tat auflehnt
wer einen haufen bildet
wer widerstand leistet
wer sich nicht unverzüglich entfernt

wer ohne vorwissen der behörde oder seines vorteils wegen oder vorsätzlich oder als landstreicher oder um
unzüchtigen verkehr herbeizuführen oder mittelst arglistiger verschweigung oder gegen entgelt oder wissentlich oder
durch drohung mit einem empfindlichen übel oder gröblich oder grobfahrlässig oder fahrlässig oder böswillig oder
ungebührlicherweise oder auf grund von rechtsvorschriften oder ganz oder teilweise oder an besuchten orten oder
unter benutzung des leichtsinns oder nach sorgfältiger abwägung oder mit gemeiner gefahr oder durch verbreitung
von schallaufnahmen oder auf die vorbezeichnete weise oder unbefugt oder öffentlich oder durch machenschaften
oder vor einer menschenmenge oder in einer sitte und anstand verletzenden weise oder in der absicht den bestand der
bundesrepublik deutschland zu beeinträchtigen oder mutwillig oder nach der dritten aufforderung oder als
rädelsführer oder hintermann oder in der absicht aufzüge zu sprengen oder wider besseres wissen oder mit vereinten
kräften oder zur befriedigung des geschlechtstriebs oder als deutscher oder auf andere weise

eine handlung herbeiführt oder abwendet
oder vornimmt oder unterläßt
oder verursacht oder erschwert
oder betreibt oder verhindert
oder unternimmt oder verübt oder bewirkt oder begeht
oder befördert *oder* beeinträchtigt
oder befördert *und* beeinträchtigt
oder befördert *und nicht* beeinträchtigt
oder beeinträchtigt *und nicht* befördert
oder *weder* befördert *noch* beeinträchtigt.

das nähere regelt die bundesregierung.

Nie hat er jemanden umgebracht. Nein,
er wirft aus Versehen Flaschen um.
Er möchte gern, schwitzt, verliert
seinen liebsten Schlüssel. Immerzu
erkältet er sich. Er weiß, daß er muß.
Er mutet sich Mut zu, er gähnt,
er tupft seinen Gram auf den Putz.
Er denkt, lieber nicht. Eingezwängt
in zwei Schuhe, beteuert er bleich
das Gegenteil. Ja, er meldet sich an
und ab. Das Gegenteil sagt er von dem,
was er sagen wollte. Eigentlich, sagt er,
eigentlich nicht. Der Anzug ist ihm zu eng,
zu weit. Seine Stelle schmerzt. Nein,
seine eigene Handschrift kann er schon längst
nicht mehr lesen. Er hat sich scheiden lassen,
vergebens. Kein Mensch ruft ihn an. Überall
juckt es ihn. Sein Kugelschreiber läuft aus,
beim besten Willen. Er ist öfters vorhanden,
in jedem Zimmer einmal, immer allein.
Er schneidet sich beim Rasieren. Ja,
er paßt nämlich immer auf, sonst
kann er nicht schlafen. Er schläft.
Alles meckert, alles was recht ist,
alles lacht über ihn. Er merkt nicht,
was los ist. Das merkt er. Sein Kopfweh
ist unpolitisch. Er stellt sich an,
er stottert schon wieder, verschluckt sich.
Was er vorhin hat sagen wollen, das hat er
vorhin vergessen. Er hat vergessen,
sich umzubringen. Beim besten Willen.
Heimlich lebt er. Nein, er darf nicht,
aber er müßte. Er hat keinen Krebs,
aber das weiß er nicht. Sein Hut schwitzt.
Es ist ihm noch nie so gut gegangen
wie jetzt. Eigentlich möchte er nicht,
aber er muß. Er weint beim Friseur. Ja,
er ist anstellig, er entschuldigt sich.
Ja, er schreibt, ja, er kratzt sich,
ja, er müßte, aber er darf nicht,
nein, seinen Jammer hat niemand bemerkt.

Arbeitsauftrag:

Welcher Berufsstand wird in diesem Gedicht wohl beschrieben?

A 18.2 Wondratschek – Gedicht vervollständigen

Wolf Wondratschek

Angestellten-Bolero

Wie alle Angestellten
in den Hochhauswelten der großen Städte
will unser Mann beweisen, er hält die Wette:
nichts ist leichter als jeden Tag
seine acht Stunden Arbeit runterzureißen,
total sozial-versichert,
vom Funktionieren verplant bis ans Lebensende.
Doch dann …

Die Möglichkeit, ein Mensch zu sein,
ist unter Menschen gering.

Da sitzt er,
angestellt auf seinem Stuhl,
plant …

und träumt …

Die Möglichkeit, ein Mensch zu sein,
ist unter Menschen gering.

Er möchte …

Nicht immer nur Schriftverkehr mit Unterlagen
und nach dem dritten Bier behaupten:
so ist das Leben, wenn alle Fragen:
wo sitzt die Seele?
wo liegt der Sinn?

Die Möglichkeit, ein Mensch zu sein,
ist unter Menschen gering.

Worauf wartet er noch?
…

Warum gibt es keinen, der ihm sagt:
wo sitzt die Seele?
wo liegt der Sinn?

Die Möglichkeit, ein Mensch zu sein,
ist unter Menschen gering.

Dann kommt er nachhause,
bellt seine Frau an,
redet ein paar Sätze mit dem Hund,
geht schlafen und schläft schon,
wenn er träumt:
wo sitzt die Seele?
wo liegt der Sinn?

Die Möglichkeit, ein Mensch zu sein,
ist unter Menschen gering.

Er ist, was jeder Philosoph vergaß.
Die Blumen welken und drüber wächst Gras –
und drüber ein Himmel, der nichts erklärt:
wo sitzt die Seele?
wo liegt der Sinn?

Die Möglichkeit, ein Mensch zu sein,
ist unter Menschen gering.

(1980)

Arbeitsauftrag:

Im Gedicht sind die Passagen weggelassen, in denen wir etwas über die Träume und Phantasien des Angestellten erfahren. Ergänzen Sie diese Teile.

Wolf Wondratschek

Angestellten-Bolero

Wie alle Angestellten
in den Hochhauswelten der großen Städte
will unser Mann beweisen, er hält die Wette:
nichts ist leichter als jeden Tag
seine acht Stunden Arbeit runterzureißen,
total sozial-versichert,
vom Funktionieren verplant bis ans Lebensende.
Doch dann fühlt unser Mann den Mord,
zu dem er fähig wäre. Ihm zittern die Hände,
er faßt sich ans Herz und greift ins Leere:
wo sitzt die Seele?
wo liegt der Sinn?

Die Möglichkeit, ein Mensch zu sein,
ist unter Menschen gering.

Da sitzt er,
angestellt auf seinem Stuhl,
plant Attentate gegen kahle Wände
und träumt, er habe die Macht:
jeden zu töten, der heute noch lacht.
Er will ja nur wissen, was keiner weiß
und fremde Frauen küssen als Beweis:
wo sitzt die Seele?
wo liegt der Sinn?

Die Möglichkeit, ein Mensch zu sein,
ist unter Menschen gering.

Einen Furz möchte er lassen, der alles regelt.
Ein Machtwort – und zwölf Welten explodieren.
Busse fahren gen Himmel, Kruzifixe oxydieren.
Nicht immer nur Schriftverkehr mit Unterlagen
und nach dem dritten Bier behaupten:
so ist das Leben, wenn alle Fragen:
wo sitzt die Seele?
wo liegt der Sinn?

Die Möglichkeit, ein Mensch zu sein,
ist unter Menschen gering.

Worauf wartet er noch?
Das Weite suchen und sich in einem Loch
verkriechen, die ganze Welt ermorden
und mit immer den gleichen Worten
in den Dreck weinen.
Warum gibt es keinen, der ihm sagt:
wo sitzt die Seele?
wo liegt der Sinn?

Die Möglichkeit, ein Mensch zu sein,
ist unter Menschen gering.

Dann kommt er nachhause,
bellt seine Frau an,
redet ein paar Sätze mit dem Hund,
geht schlafen und schläft schon,
wenn er träumt:
wo sitzt die Seele?
wo liegt der Sinn?

Die Möglichkeit, ein Mensch zu sein,
ist unter Menschen gering.

Er ist, was jeder Philosoph vergaß.
Die Blumen welken und drüber wächst Gras –
und drüber ein Himmel, der nichts erklärt:
wo sitzt die Seele?
wo liegt der Sinn?

Die Möglichkeit, ein Mensch zu sein,
ist unter Menschen gering.

Hans Magnus Enzensberger

Die Dreiunddreißigjährige

Sie hat sich das alles ganz anders vorgestellt.
Immer diese verrosteten Volkswagen.
Einmal hätte sie fast einen Bäcker geheiratet.
Erst hat sie Hesse gelesen, dann Handke.
Jetzt löst sie öfter Silbenrätsel im Bett.
Von Männern läßt sie sich nichts gefallen.
Jahrelang war sie Trotzkistin, aber auf ihre Art.
Sie hat nie eine Brotmarke in der Hand gehabt.
Wenn sie an Kambodscha denkt, wird ihr ganz schlecht.
Ihr letzter Freund, der Professor, wollte immer verhaut werden.
Grünliche Batik-Kleider, die ihr zu weit sind
Blattläuse auf der Zimmerlinde.
Eigentlich wollte sie malen, oder auswandern.
Ihre Dissertation, *Klassenkämpfe in Ulm, 1500 bis 1512, und ihre Spuren im Volkslied:*
Stipendien, Anfänge und ein Koffer voller Notizen.
Manchmal schickt ihr die Großmutter Geld.
Zaghafte Tänze im Badezimmer, kleine Grimassen,
stundenlang Gurkenmilch vor dem Spiegel.
Sie sagt: Ich werde schon nicht verhungern.
Wenn sie weint, sieht sie aus wie neunzehn.

Erich Kästner

Offner Brief an Angestellte

Vorgesetzte muß es geben.
Angestellte müssen sein.
Ordnung ist das halbe Leben.
Brust heraus und Bauch hinein!

Vorgesetzte tragen feiste
Bäuche unter dem Jackett.
Feist ist an dem Pack das meiste,
und sie gehn nur quer ins Bett.

Sie sind fett aus Überzeugung.
Und der bloße Anblick schon
zwingt uns andre zur Verbeugung.
Korpulenz wird Religion!

In den runden Händen halten
sie Zigarren schußbereit.
Jede ihrer Prachtgestalten
wirkt, als wäre sie zu zweit.

Manche sagen (wenn auch selten),
sie verstünden unsre Not.
Und wir kleinen Angestellten
schmieren uns den Quatsch aufs Brot.

Atemholen sei nicht teuer,
sagen sie, und nahrhaft auch!
Und dann hinterziehn sie Steuer
und beklopfen sich den Bauch.

Nagelt ihnen auf die Glatzen
kalten Braten und Coupons!
Blast sie auf, und wenn sie platzen!
Gibt es schönre Luftballons?

Laßt sie steigen und sich blähen,
über Deutschland, hoch im Wind!
Bis sie alles übersehen,
weil sie Aufsichtsräte sind.

Wenn sie eines Tags verrecken,
stopft sie aus und weckt sie ein!
Tiere kann man damit necken,
Kinder kann man damit schrecken,
aber euch? Ich hoffe: Nein!

Erich Kästner

Zeitgenossen, haufenweise

Es ist nicht leicht, sie ohne Haß zu schildern,
und ganz unmöglich geht es ohne Hohn.
Sie haben Köpfe wie auf Abziehbildern
und, wo das Herz sein müßte, Telefon.

Sie wissen ganz genau, daß Kreise rund sind
und Invalidenbeine nur aus Holz.
Sie sprechen fließend, und aus diesem Grund sind
sie Tag und Nacht – auch sonntags – auf sich stolz.

In ihren Händen wird aus allem Ware.
In ihrer Seele brennt elektrisch Licht.
Sie messen auch das Unberechenbare.
Was sich nicht zählen läßt, das gibt es nicht!

Sie haben am Gehirn enorme Schwielen,
fast als benutzten sie es als Gesäß.
Sie werden rot, wenn sie mit Kindern spielen.
Die Liebe treiben sie programmgemäß.

Sie singen nie (nicht einmal im August)
ein hübsches Weihnachtslied auf offner Straße.
Sie sind nie froh und haben immer Lust
und denken, wenn sie denken, durch die Nase.

Sie loben unermüdlich unsre Zeit,
ganz als erhielten sie von ihr Tantiemen.
Ihr Intellekt liegt meistens doppelt breit.
Sie können sich nur noch zum Scheine schämen.

Sie haben Witz und können ihn nicht halten.
Sie wissen vieles, was sie nicht verstehn.
Man muß sie sehen, wenn sie Haare spalten!
Es ist, um an den Wänden hochzugehn.

Man sollte kleine Löcher in sie schießen!
Ihr letzter Schrei ist noch ein dernier cri.
Jedoch, sie haben viel zuviel Komplicen,
als daß sie sich von uns erschießen ließen.
Man trifft sie nie.

über das reisen in die verbannung

„vermögen habe ich keines und auch keines zu erwarten."
Johann Georg Elser*

I
Laotse* *gürtete den schuh*
als er gegangen wurde
seine begleiter:
ein ochs und ein knabe

II
brecht ließ die virginia
kalt werden zwischen den lippen
als er gegangen wurde
ihn begleiteten hier und da
sein sohn die frauen
auch freunde und immer
das rollbild vom zweifler

III
ich dagegen reise komfortabel
und nie allein
wenn ich gegangen werde
hin und her
reise in hand- auch in fußschellen
im hubschrauber oder per bus
im konvoi
für meine sicherheit
sorgen die schützer
des staates mit funk
spezialausbildung und mpi's

IV
noch nie
war der dichter
so wertvoll
wie heute

im namen des volkes

am 24. mai 1974
verurteilte mich
das volk
– drei richter
und sechs geschworene –

zu vier jahren
freiheitsentzug

am 12. märz 1976
verurteilte mich
in gleicher sache
das volk
– drei richter
und zwei geschworene –

zu fünfzehn jahren
freiheitsentzug

ich meine
das sollen die völker
unter sich ausmachen

und mich
da
rauslassen

Anmerkungen:

* Johann Georg Elser: Schreiner, verübte am 8. 11. 1939 ein Attentat auf Hitler; 1945 im KZ ermordet.
* Laotse: Chinesischer Philosoph des 4.–3. Jhs.; nach der Legende ausgewandert; an der Grenze soll er sein wichtigstes Buch „Tao-Teching" hinterlassen haben.

Arbeitsauftrag:

Können Sie den Namen des Dichters erraten, der in diesen beiden Gedichten aus seinem Leben berichtet?

Zahl, Peter Paul, *13. 3. 1944 Freiburg/Breisgau.

Nach seiner Kindheit in der DDR wuchs Z. im Rheinland auf, wo er nach der mittleren Reife den Beruf eines Kleinoffsetdruckers erlernte. 1964 ging er als Kriegsdienstverweigerer nach Berlin, wo er 1967 eine Druckerei und einen Verlag gründete. 1970 wurde er erstmals wegen des Druckens eines politischen Plakats „Freiheit für alle Gefangenen" verurteilt, 1972 anläßlich einer Personenkontrolle und anschließendem Fluchtversuch nach einem Schußwechsel mit der Polizei verhaftet und 1974 zunächst zu vier, in der Revision 1976 zu fünfzehn Jahren Gefängnis verurteilt, am 13. 12. 1982 vorzeitig aus der Haft entlassen. Sein „Fall" wurde, nicht zuletzt durch seine eigene schriftstellerische Arbeit auch während der Haft, zu einem Exempel in der Diskussion um die rechtliche Situation politischer Gefangener. – 1980 erhielt Z. den Literaturförderpreis der Freien Hansestadt Bremen. Z. trat 1966 der Dortmunder Gruppe 61 bei. Zahlreiche politische Aufsätze und kritische Darstellungen zum bürgerlichen Kulturbetrieb vom Standpunkt einer radikaldemokratischen Opposition aus. Sein erster Roman *Von einem, der auszog, Geld zu verdienen* beschreibt die Lebensumstände dieser Zeit. Die späteren Arbeiten entstanden im Gefängnis; sie stehen in engem Zusammenhang mit den von vielen Kritikern als skandalös empfundenen Prozeß- und Haftbedingungen. Z.s politische Biographie geht auch in seine Erzählungen (*Wie im Frieden*) und Lyrik (*Schutzimpfung*; *Alle Türen offen*) ein; sie schufen einen neuen Typus der „Knastliteratur", den Z. auch theoretisch faßte (*Schreiben ist ein monologisches Medium*). Das Gefängnis wird dabei zur Metapher einer Verknastung der gesamten Gesellschaft. Der opulente „Schelmenroman" *Die Glücklichen* fand wegen seiner Montagetechnik mit all ihren Verschachtelungen indes eine kontroverse Aufnahme.

W.: Romane: Von einem, der auszog, Geld zu verdienen, 70; Normalvollzug. Ein beschlagnahmter Text (in: Neues Forum 275), 76; Die Glücklichen, 79. – Erzählungen: Elf Schritte zu einer Tat, 68; Wie im Frieden, 76. – *Drama*: Johann Georg Elser, 82; Die Erpresser. Eine böse Komödie, 90. – Lyrik: Schutzimpfung 75; Alle Türen offen, 77; Aber nein sagte Bakunin und lachte laut, 83. – *Essays*: Waffe der Kritik, 76; Eingreifende oder ergriffene Literatur, 76; Die Stille und das Grelle (in: Die Tageszeitung, 28. 1. 80), 80; Vorsicht! Die Poesie ist auf der Straße (mit anderen), 81; Der Staat ist eine mündelsichere Kapitalanlage. Hetze und Aufsätze 1967–1989, 89. – *Übersetzungen*: Sender, R. J.: Sieben rote Sonntage, 91. – *Sammelausgaben*: Die Barbaren kommen, 76; Am Beispiel P. P. Z., hg. E. Fried u. a., 77 (mit eigenen Texten); Freiheitstriebtäter. Lyrik und Prosa, 79; Schreiben ist ein monologisches Medium. Dialoge mit und über P. P. Z., 79; Waffe der Kritik, 82.

Vom armen …

1
Ich, … , bin aus den schwarzen Wäldern.
Meine Mutter trug mich in die Städte hinein
Als ich in ihrem Leibe lag. Und die Kälte der Wälder
Wird in mir bis zu meinem Absterben sein.

2
In der Asphaltstadt bin ich daheim. Von allem Anfang
Versehen mit jedem Sterbsakrament:
Mit Zeitungen. Und Tabak. Und Branntwein.
Mißtrauisch und faul und zufrieden am End.

3
Ich bin zu den Leuten freundlich. Ich setze
Einen steifen Hut auf nach ihrem Brauch.
Ich sage: Es sind ganz besonders riechende Tiere
Und ich sage: Es macht nichts, ich bin es auch.

4
In meine leeren Schaukelstühle vormittags
Setze ich mir mitunter ein paar Frauen
Und ich betrachte sie sorglos und sage ihnen:
In mir habt ihr einen, auf den könnt ihr nicht bauen.

5
Gegen Abend versammle ich um mich Männer
Wir reden uns da mit „Gentlemen" an.
Sie haben ihre Füße auf meinen Tischen
Und sagen: Es wird besser mit uns. Und ich frage nicht: Wann?

6
Gegen Morgen in der grauen Frühe pissen die Tannen
Und ihr Ungeziefer, die Vögel, fängt an zu schrein.
Um die Stunde trink ich mein Glas in der Stadt aus und schmeiße
Den Tabakstummel weg und schlafe beunruhigt ein.

7
Wir sind gesessen, ein leichtes Geschlechte
In Häusern, die für unzerstörbare galten
(So haben wir gebaut die langen Gehäuse des Eilands Manhattan
Und die dünnen Antennen, die das Atlantische Meer unterhalten).

8
Von diesen Städten wird bleiben: der durch sie hindurchging, der Wind!
Fröhlich machet das Haus den Esser: er leert es.
Wir wissen, daß wir Vorläufige sind
Und nach uns wird kommen: nichts Nennenswertes.

9
Bei den Erdbeben, die kommen werden, werde ich hoffentlich
Meine Virginia nicht ausgehen lassen durch Bitterkeit
Ich, … , in die Asphaltstädte verschlagen
Aus den schwarzen Wäldern in meiner Mutter in früher Zeit.

Arbeitsauftrag:

In dem Gedicht ist der Name des Dichters getilgt. Suchen Sie nach Anhaltspunkten, die die Identität des Dichters verraten können.

Bertolt Brecht in Augsburg, 1928 (oben und unten)

Matthias Claudius

Der Mensch

Empfangen und genähret
Vom Weibe wunderbar,
Kommt er und sieht und höret
und nimmt des Trugs nicht wahr;
Gelüstet und begehret,
Und bringt seine Tränlein dar;
Verachtet und verehret;
Hat Freude und Gefahr;
Glaubt, zweifelt, wähnt und lehret,
Hält nichts und alles wahr;
Erbauet und zerstöret;
Und quält sich immerdar;
Schläft, wachet, wächst und zehret;
Trägt braun und graues Haar
Und alles dieses währet,
Wenn's hoch kommt, achtzig Jahr.
Denn legt er sich zu seinen Vätern nieder,
Und er kömmt nimmer wieder.

Wilhelm Busch

Aus Anlaß des 75. Geburtstags 1907.
Mein Lebenslauf

Mein Lebenslauf ist bald erzählt.
In stiller Ewigkeit verloren
Schlief ich, und nichts hat mir gefehlt,
Bis daß ich sichtbar ward geboren.
Was aber nun? – Auf schwachen Krücken,
Ein leichtes Bündel auf dem Rücken,
Bin ich getrost dahingeholpert,
Bin über manchen Stein gestolpert,
Mitunter grad, mitunter krumm,
Und schließlich mußt' ich mich verschnaufen.
Bedenklich rieb ich meine Glatze
Und sah mich in der Gegend um.
O weh! Ich war im Kreis gelaufen,
Stand wiederum am alten Platze,
Und vor mir dehnt sich lang und breit,
Wie ehedem, die Ewigkeit.

Theodor Fontane

Summa Summarum

Eine kleine Stellung, ein kleiner Orden
(Fast wär' ich auch mal Hofrat geworden)
Ein bißchen Namen, ein bißchen Ehre,
Eine Tochter „geprüft“, ein Sohn im Heere,
Mit siebzig 'ne Jubiläumsfeier,
Artikel im Brockhaus und im Meyer …
Altpreußischer Durchschnitt, Summa Summarum,
Es drehte sich immer um Lirum Larum,
Um Lirum Larum Löffelstiel.
Alles in allem – es war nicht viel.

Friedrich Hölderlin

Lebenslauf

Größers wolltest auch du, aber die Liebe zwingt
All uns nieder, das Leid beuget gewaltiger,
Doch es kehret umsonst nicht
Unser Bogen, woher er kommt.

Aufwärts oder hinab! herrschet in heil'ger Nacht,
Wo die stumme Natur werdende Tage sinnt,
Herrscht im schiefesten Orkus
Nicht ein Grades, ein Recht noch auch?

Dies erfuhr ich. Denn nie, sterblichen Meistern gleich
Habt ihr Himmlischen, Ihr Alleserhaltenden,
Daß ich wüßte, mit Vorsicht
Mich des ebenen Pfades geführt.

Alles prüfe der Mensch, sagen die Himmlischen,
Daß er, kräftig genährt, danken für Alles lern',
Und verstehe die Freiheit,
Aufzubrechen, wohin er will.

Werner Bergengruen

Leben eines Mannes

Gestern fuhr ich Fische fangen,
Heut bin ich zum Wein gegangen,
– Morgen bin ich tot –
Grüne, goldgeschuppte Fische,
Rote Pfützen auf dem Tische,
Rings um weißes Brot.

Gestern ist es Mai gewesen,
Heute wolln wir Verse lesen,
Morgen wolln wir Schweine stechen,
Würste machen, Äpfel brechen,
Pfundweis alle Bettler stopfen
Und auf pralle Bäuche klopfen,
– Morgen bin ich tot –
Rosen setzen, Ulmen pflanzen,
Schlittenfahren, fastnachtstanzen,
Netze flicken, Lauten rühren,
Häuser bauen, Kriege führen,
Frauen nehmen, Kinder zeugen,
Übermorgen Knie beugen,
Übermorgen Knechte löhnen,
Übermorgen Gott versöhnen –
Morgen bin ich tot.

Bertolt Brecht

Von der Freundlichkeit der Welt

Auf die Erde voller kaltem Wind
kamt ihr alle als ein nacktes Kind.
Frierend lagt ihr ohne alle Hab
als ein Weib euch eine Windel gab.

Keiner schrie euch, ihr wart nicht begehrt
und man holte euch nicht im Gefährt.
Hier auf Erden wart ihr unbekannt
als ein Mann euch einst nahm an der Hand.

Von der Erde voller kaltem Wind
geht ihr all bedeckt mit Schorf und Grind.
Fast ein jeder hat die Welt geliebt
wenn man ihm zwei Hände Erde gibt.

Hans Magnus Enzensberger

Geburtsanzeige

Wenn dieses Bündel auf die Welt geworfen wird
die Windeln sind noch nicht einmal gesäumt
der Pfarrer nimmt das Trinkgeld eh ers tauft
doch seine Träume sind längst ausgeträumt
es ist verraten und verkauft

wenn es die Zange noch am Schädel packt
verzehrt der Arzt bereits das Huhn das es bezahlt
der Händler zieht die Tratte und es trieft
von Tinte und von Blut der Stempel prahlt
es ist verzettelt und verbrieft

wenn es im süßlichen Gestank der Klinik plärrt
beziffern die Strategen schon den Tag
der Musterung des Mords der Scharlatan
drückt seinen Daumen unter den Vertrag
es ist versichert und vertan

noch wiegt es wenig häßlich rot und zart
wieviel es netto abwirft welcher Richtsatz gilt
was man es lehrt und was man ihm verbirgt
die Zukunft ist vergriffen und gedrillt
es ist verworfen und verwirkt

wenn es mit krummer Hand die Luft noch fremd begreift
steht fest was es bezahlt für Milch und Telefon
der Gastarif wenn es im grauen Bett erstickt
und für das Weib das es dann wäscht der Lohn
es ist verbucht verhängt verstrickt

wenn nicht das Bündel das da jault und greint
die Grube überhäuft den Groll vertreibt
was wir ihm zugerichtet kalt zerrauft
mit unerhörter Schrift die schiere Zeit beschreibt
ist es verraten und verkauft.

Gottfried Benn

Nur zwei Dinge

Durch so viel Formen geschritten,
durch Ich und Wir und Du.
doch alles blieb erlitten,
durch die ewige Frage: wozu?

Das ist eine Kinderfrage.
Dir wurde erst spät bewußt,
es gibt nur eines: ertrage
– ob Sinn, ob Sucht, ob Sage –
dein fernbestimmtes: Du mußt.

Ob Rosen, ob Schnee, ob Meere,
was alles erblühte, verblich,
es gibt nur zwei Dinge: die Leere
und das gezeichnete Ich.

Hans Magnus Enzensberger

lebenslauf

später erfuhr ich, daß es ein freitag war,
da ich herausfuhr, schreiend,
aus meinem sarg, aus meiner mutter.

zwischen meiner verräterischen geburt,
besiegelt von öl und wasser und salz,
und meinem eingeborenen tod,

in dieser langen weile zwischen freitag
und aberfreitag ward ich geimpft
und gefirmt und gemustert. für glück

galt das lackierte gesicht der gewalt.
einmal im jahr hat der schnee gewechselt.
mein totenhemd tauschte ich täglich.

ich habe die vier striche des himmels bemerkt.
meine worte sind davongefahren auf einem wind.
kein ruhm, kein feuer hat mich verzehrt.

abends ist meine leber schwer wie ein feldstein,
und wenn es freitag wird, höre ich ein geschrei,
als schriee ich in meinem weißen hemd,

wie vor langer weile, zur stunde meiner geburt.
dann schlafe ich mürrisch ein und denke:
das geht mich nichts an. es wird ein anderer

krieg sein, ein anderer toter hund, nicht ich,
wird zum mond geschossen, verscharrt
im entgeisterten, schreienden raum.

Reiner Kunze

Kurzer Lehrgang*

*Dialektik**

Unwissende damit ihr
unwissend bleibt

werden wir euch
schulen

Aesthetik

Bis zur entmachtung des
imperialismus ist
als verbündet zu betrachten

Picasso

Ethik

Im mittelpunkt steht
der mensch

Nicht
der einzelne

Lied vom Biermann*

Wo wäre das bier ohne biermann?
Im faß

Helles bier dunkles bier
ausgeschenkt nach dort und hier
Ihr wolltet nicht trinken

Wer trinkt nun das bier dieses biermann?
Der Grass

Starkes bier dünnes bier
ausgeschenkt nach dort und hier
Ihr wolltet nicht trinken

Biermann sei ihrmann?
Achwas!

Mann ist mann bier ist bier
Biermann kam von dort nach hier
Ihr wolltet nicht trinken

Rückkehr aus Prag
Dresden frühjahr 1968

Eine lehre liegt mir auf der zunge, doch
zwischen den zähnen sucht der zoll

Die Antenne

1
Sie abzusägen, drohte
die straße

Die antenne flüchtete
unter den first, hier

zeigte auf sie
das haus

Die antenne flüchtete
ins zimmer, hier

zeigten auf sie
die wände

Die antenne flüchtete
in den kopf, er

bot sicherheit

2
Vorerst

Hymnus auf eine Frau beim Verhör

Schlimm sei gewesen
der augenblick des
auskleidens

Dann
ausgesetzt ihren blicken habe sie
alles erfahren

über sie

Von der Notwendigkeit der Zensur

Retuschierbar ist
alles

Nur
das negativ nicht
in uns

Worterklärungen:
* Kurzer Lehrgang: Titel einer dogmatischen Geschichte der KPdSU unter Stalin.
* Dialektik: marxistisches Gesetz der gesellschaftlichen Entwicklung.
* Biermann: Schriftsteller und Sänger, aus der DDR zwangsausgebürgert.

Arbeitsauftrag:
Kritisieren Sie die Gedichte vom Standpunkt eines Vertreters der „Staatssicherheit der DDR“.

Aus den Akten der STASI

Berlin, 23. 5. 69
Inoffiziell wurde bekannt: Der soeben erschienene Gedichtband „Sensible Wege" von Reiner Kunze stellt eine politische Provokation gegenüber unserem Staat und seiner Politik dar. Die in diesen Gedichten bezogene Position des Autors muß als weit negativer als die bisher bekannte Position eingeschätzt werden. Aus den Gedichten werden im Wesentlichen drei Thesen sichtbar, die der Verfasser vertritt: 1. Die DDR ist ein großes Gefängnis, worunter nicht nur die Beschränkung der Bewegungsfreiheit, sondern auch eine Einengung des geistigen Lebens und der Entwicklung der Persönlichkeit und des Talents verstanden wird. Charakteristisch sind dafür die Verse aus dem Gedicht mit dem bezeichnenden Titel „Kurzer Lehrgang":

> *Dialektik*
>
> Unwissende damit ihr
> unwissend bleibt
>
> werden wir
> euch schulen
>
> *Ethik*
>
> Im mittelpunkt steht
> der mensch
>
> Nicht
> der einzelne

Solche Auffassungen finden sich in den meisten Gedichten des Bandes wieder. 2. Die Kulturpolitik der DDR ist eng und dogmatisch. Sie ist gegen die Entwicklung der Kunst gerichtet. Beispiel „Lied vom Biermann":

> Biermann sei ihrmann?
> Achwas!
> Mann ist mann bier ist bier
> Biermann kam von dort nach hier …

3. Sympathie für revisionistische und konterrevolutionäre Auffassungen. Beispiel „Rückkehr aus Prag – Dresden frühjahr 1968":

> Eine lehre liegt mir auf der zunge, doch
> zwischen den zähnen sucht der zoll

Selbst scheinbar eindeutige und harmlose Gedichte wie „Puschkins Michailowskoje" werden umgebogen. Beim Betrachten von Puschkins Garten heißt es:

> Wer immer
> die angreifer wären hier jetzt zum gegner hätten sie
> mich
>
> Wer immer einfallen wird
> in die offenen gärten der dichter

Im genannten Gedichtband finden sich nur vereinzelt und ganz allgemein gehaltene Zeilen gegen den Imperialismus, und selbst diese enthalten Bezüge gegen die DDR … Der IM teilte mit, daß Kunze mit vorliegendem Band … eindeutig gegen die Statuten des Deutschen Schriftstellerverbandes verstoßen habe und sein Ausschluß aus dem Schriftstellerverband gerechtfertigt sei … Erste Maßnahmen: … Beschaffung von 2 Exemplaren des Gedichtbandes durch IM in Westberlin.

Bemerkungen zu dem Gedichtband „Sensible Wege" von Reiner Kunze [Gutachten eines Germanisten der Friedrich-Schiller-Universität Jena]

Schon der Klappentext offenbart, daß es sich um Gedichte handelt, die in der BRD (in bestimmten Kreisen) auf ein großes Interesse stoßen, weil sie aus der sozialistischen Literatur der DDR herausfallen und nach neuen Außenwelt-Erfahrungen suchen …
R. Kunze verzichtet in vielen seiner Gedichte auf einen historisch konkreten Bezug, so daß sich der Leser aussuchen kann, was gemeint ist, worauf angespielt wird und für welche Zeit es zutreffen soll, beispielsweise in … „Hymnus auf eine Frau beim Verhör". Letzteres kann auf jede beliebige Zeit angewendet werden, auch und eben auf ein Verhör in der DDR. In dem Gedicht „Kurzer Lehrgang" ist unter dem Zwischentitel „Ethik" das persönliche Dilemma des Autors … ausgesprochen. Der Mensch stehe zwar im Mittelpunkt, aber nicht der einzelne … Welch ein Unsinn! … „Das Negativ … in uns" sei nicht retuschierbar …, meint R. K. und will damit sagen, daß viele DDR-Bürger im Innern ihres Herzens, ihrer Gefühle und Gedanken Vorbehalte, Zweifel und Antipathie gegen die sozialistische Entwicklung der DDR hegen … Untermauert wird diese meine Interpretation durch das Gedicht „Die Antenne" …, wo beschrieben wird, wie die Westantenne in den Kopf flüchtet, weil sie dort vorerst in Sicherheit ist. In den Gedichten zeigt sich insgesamt eine Lebensfremdheit, das Nichtbegreifen oder Nichtbegreifenwollen unserer gesellschaftlichen Entwicklung, … der CSSR-Ereignisse und der internationalen Hilfe der verbündeten sozialistischen Länder, zeigt sich die Vereinzelung und das Abgeschiedensein des Autors von der Arbeit und dem Kampf um Frieden und Glück.

(…) Jena, den 25. 5. 1971
(Unterschrift)

Wolf Biermann

Portrait eines alten Mannes

Seht, Genossen, diesen Weltveränderer: Die Welt
Er hat sie verändert, nicht aber sich selbst
Seine Werke, sie sind am Ziel, er aber ist am Ende

Ist dieser nicht wie der Ochse im Joch
des chinesischen Rades? Die Wasser
hat er geschöpft. Die Felder
hat er gesättigt. Der Reis
grünt. Also schreitet dieser
voran im Kreise
und sieht auch vor sich nichts, als
abertausendmal eigene Spur im Lehm
Jahr für Jahr wähnt er also, der Einsame
den Weg zu gehen der Massen. Und er läuft doch
sich selbst nur nach. Sich selber nur
trifft er und findet sich nicht
und bleibt sich selber immer der Fernste

Seht, Genossen, diesen Weltveränderer: Die Welt
Er hat sie verändert, nicht aber sich selbst
Seine Werke, sie sind am Ziel, er aber ist am Ende

Das seht, Genossen. Und zittert!

Das kann doch nicht alles gewesn sein
(Lied vom donnernden Leben)

Das kann doch nicht alles gewesn sein
Das bißchen Sonntag und Kinderschrein
das muß doch noch irgendwo hin gehn
hin gehn
Die Überstundn, das bißchen Kies
und aabns inner Glotze das Paradies
darin kann ich doch keinen Sinn sehn
Sinn sehn
Das kann doch nich alles gewesn sein
Da muß doch noch irgend was kommen! nein
da muß doch noch Leebn ins Leebn
eebn
He, Kumpel, wo bleibt da im Ernst mein Spaß?
Nur Schaffn und Raffn und Hustn und Haß
und dann noch den Löffl abgebn
gebn
Das soll nun alles gewesn sein
Das bißchen Fußball und Führerschein
das war nun das donnernde Leebn
Leebn
Ich will noch 'n bißchen was Blaues sehn
Und will noch paar eckige Rundn drehn
und dann erst den Löffel abgebn
eebn

Tischrede des Dichters im zweiten mageren Jahr

Ihr, die ihr noch nicht ersoffen seid, Genossen
Im Schmalztopf der privilegierten Kaste
Ach, wie lang schon lag ich euch nicht in den Ohren!

Wenn durch den nächtlichen Fernsehhimmel
Die obligaten Kastraten in eure Kanäle schiffen
Wenn auf euren erblindeten Bildschirmen
Die keimfreien Jungfrauen flimmern
Wenn die Sandmännchen vom Dienst durch die Röhre
Die euch verordneten Schlaftabletten reichen
Das alles noch mag hingehn, Genossen, aber:

Wenn sie euch abfüttern mit ihren verfluchten
Ideologischen Wassersuppen, die feisten Köche
Dann quält mich doch, ich gebe es zu, Heißhunger
Nach eurem Hunger, Genossen, auf schärfere Sachen:
Stück Fleisch in die Zähne. Wollet euch erinnern:
Fast fettlos gebraten, das Salz erst zuletzt dran
Damit nicht auslaufen die himmlischen Säfte
Dazu mein Salat mit gehörigen Mengen an
Cayenne-Pfeffer, der lang nach dem Essen
Den Gaumen noch foltert, Zitrone und Knoblauch
Im Dampf des Olivöls schwimmen geschlachtet
Die roten Tomaten Arm in Arm mit den Gurken
Zur Hochzeit in knackigen Kähnen des grünen Salats
Und Salz und Salz! Die Weisheit gestorbener Meere:
Das wohlschmeckende, das ungesunde Salz!

Und! Wie wir dann lässig die Milch in uns schütten
Die sanfte, die gute aus bauchigen Bechern!
Da könnt ihr was lernen, ihr Arschlöcher!

O wollet, Freunde, euch bitte erinnern:
Es munden dem Volke die fetten Ochsen
Seit je in der *Pfanne*!
Nicht aber im *Amte*!

Unter uns gesagt: Startet denn wirklich unser nächstes
Größeres Freßgelage, Genossen
Erst beim Leichenschmaus?!
Am Grabe der Revolution?!

Karl Mickel

Die Friedensfeier

Zuerst werden wir uns blütenweiße Hemden kaufen
Dann lassen wir uns drei Tage lang vollaufen

Wenn wir wieder nüchtern und kalt abgeduscht sind
Machen wir unseren Frauen jeder ein Kind

Dann starrn wir rauchend den sternvollen Himmel an.
Morgens dann, viertel nach vier, geht der run

Auf Schneidbrenner los, die begehrten Artikel
Einen davon nimmt Mickel.

Dann verteilen wir uns über Luft, Land und Meer
Und machen uns über das Kriegsgerät her

Und alles hackt und schneidet, zerrt, reißt, schweißt
Spuckt an, pißt dran, sitzt oben drauf und scheißt

Und schmeißt mit Steinen, sprengt mit Sprengstoff weg:
Das ist des Sprengstoffs höchsterrungner Zweck!

In Geschützrohre bohren wir kleine Löcher hinein
Dort ziehen dann Spechte und Stare ein

Wers kann, kann auf ausgeblasnen Raketen
Wie auf Taminos Zauberflöte flöten

Mit U-Booten fangen wir Haie und andere Fische
Die Frauen decken die Generalstabstische

An Schlagbäumen werden Ochsen und Hammel gebraten
Von nackten Männern, die waren Soldaten

Und besser als die Uniformen können
Wärmt sie das Feuer, drin die Uniformen brennen.

Rot glühn die Martinöfen auf, in ihren Bäuchen
Vergehn, entstehen Welten! Wie wir keuchen

Vor Wollust, wenn wir sehen: hart wird weich
Und wenn sichs wieder härtet, wird zugleich

Das Krumme grad. Wir waren krumm und dumm!
Wir schleppen Schrott, wir schmieden, pflügen um:

Wenn wir dann die müd-müden Rücken recken
Durchstoßen die Köpfe die Zimmerdecken

Nur in den Nächten jahrein, jahraus
Wir träumen uns ins Mauseloch als Maus.

Das Zeichen

Aufspalten mit der Zunge Deinen Mund
Und wortlos sprechen miteinander, und
Gebrannt in meine Schultern (sah man dann)
Fünfstrahlig Deine Hände, und ich kann

Nicht länger tun, was unsereins bewegt
Ohne den Muskel, der Dein Zeichen trägt:
Die Schreibmaschine schlägt es aufs Papier
Ich schlags in dessen Zahngeheg, der mir

Den Tritt verpaßte, stoß es (das ist wahr!)
In Weibliches, womit ich mich noch paar.
Ich spüre Tag für Tag, wie meine Haut
Mehr einläßt, als ich ihr je zugetraut.

Zehn Risse sind im, leider, dicken Fell
Die wachsen zu. Ich fürchte sehr: nicht schnell.

Petzower Sommer

Latten, zu Zunder gedörrt, Zaun unter zögernden Schritten:
Lautlos zerfällt er, es knirscht zwischen Sohle und Holz.
Hier war die Kette, jetzt Rost. Glühender Sand! und es legt der
Wind das Emailleschild frei: Vorsicht! Bissiger Hund.
Astwerk im Winde gespannt, früchteschleudernde Bögen.
Unter geborstenem Baum greift im Liegen der Mund
Kirschen, von Kirschfleisch gefleckt flattert die Bluse der Freundin
Über uns, Hohlform der Luft, Fahne, Trophäe des Siegs.
Stimmen von weit her geweht. Schlurfende Schritte, ein Bauer
Knurrt zwischen Pfeife und Zahn: Stehlt soviel ihr nur könnt.

Volker Braun

Anspruch

Kommt uns nicht mit Fertigem. Wir brauchen Halbfabrikate.
Weg mit dem Rehbraten – her mit dem Wald und dem Messer.
Hier herrscht das Experiment und keine steife Routine.
Hier schreit eure Wünsche aus: Empfang beim Leben.
Zwischen die Kontinente, zu allen Ufern
Spannt seine Muskeln das Meer unserer Erwartungen
An allen Küsten trommeln seine Finger die Brandung
Über die Uferklinge läßt es die Wogen springen und aufschlagen.
Immer erneut hält es die Flut hoch und gibt es sie auf.

Für uns sind die Rezepte nicht ausgeschrieben, mein Herr.
Das Leben ist kein Bilderbuch mehr, Mister, und keine
peinliche Partitur, Fräulein
Hier wird ab sofort Denken verlangt.
Raus aus den Sesseln, Jungs. Feldbett – meinetwegen.
Nicht so feierlich, Genossen, das Denken will heitere Stirnen.
Wer sehnt sich hier nach wilhelminischem Schulterputz?
Unsere Schultern tragen einen Himmel voll Sternen.

Hier wird Neuland gegraben und Neuhimmel angeschnitten –
Hier ist der Staat für Anfänger, Halbfabrikat auf Lebenszeit.
Hier schreit eure Wünsche aus: an alle Ufer
Trommelt die Flut eurer Erwartungen!
Was da an deine Waden knallt, Mensch, die tosende Brandung:
Das sind unsere kleinen Finger, die schießen nur
Bißchen Zukunft vor, Spielerei.

Sarah Kirsch

Ich wollte meinen König töten

Ich wollte meinen König töten
Und wieder frei sein. Das Armband
Das er mir gab, den einen schönen Namen
Legte ich ab und warf die Worte
Weg die ich gemacht hatte: Vergleiche
Für seine Augen die Stimme die Zunge
Ich baute leergetrunkene Flaschen auf
Füllte Explosives ein das sollte ihn
Für immer verjagen. Damit
Die Rebellion vollständig würde
Verschloß ich die Tür, ging
Unter Menschen, verbrüderte mich
In verschiedenen Häusern, doch
Die Freiheit wollte nicht groß werden
Das Ding Seele dies bourgeoise Stück
Verharrte nicht nur, wurde milder
Tanzte wenn ich den Kopf
An gegen Mauern rannte. Ich ging
Den Gerüchten nach im Land die
Gegen ihn sprachen, sammelte
Drei Bände Verfehlungen eine Mappe
Ungerechtigkeiten, selbst Lügen
Führte ich auf. Ganz zuletzt
Wollte ich ihn einfach verraten
Ich suchte ihn, ein Plan zu vollenden
Küßte den andern, daß meinem
König nichts widerführe

Sarah Kirsch

Es war dieser merkwürdige Sommer

Es war dieser merkwürdige Sommer
tropische Gewittergüsse und Demonstrationen
fanden fast täglich statt, die Felder
lagen platt riesige Nester ich ging zwischen offenen Türen
in meiner Küche
waren Teller getürmt widerstrebend
wusch ich sie ab bösartige Reden
fremder Radiostationen im Ohr, besser
gefiel es mir draußen in diesem Stadtteil
liegen mehrere Wasserbecken vierundzwanzig Fontänen
eine kleine Wasserkunst, in anderen Städten
mögen die Brunnen gewaltiger sein sich drehen
und leuchten, die hier
hüpfen und kommen nicht recht vom Fleck, keine
weitverzweigten Bäume aus Glas eher Büsche
winzige Wasserherzen auf rußigen Straßen
es gab sie erst wenige Stunden, die Arbeiter
ebneten noch den Boden wo sie das Stadtnetz
angebohrt hatten Mädchen begannen Petunien zu pflanzen
für diesen Sommer der verregnet und halb gegangen war

Sarah Kirsch

Im Sommer

Dünnbesiedelt das Land.
Trotz riesiger Felder und Maschinen
Liegen die Dörfer schläfrig
In Buchsbaumgärten; die Katzen
Trifft selten ein Steinwurf.

Im August fallen Sterne.
Im September bläst man die Jagd an.
Noch fliegt die Graugans, spaziert der Storch
Durch unvergiftete Wiesen. Ach, die Wolken
Wie Berge fliegen sie über die Wälder.

Wenn man hier keine Zeitung hält
Ist die Welt in Ordnung.
In Pflaumenmuskesseln
Spiegelt sich schön das eigne Gesicht und
Feuerrot leuchten die Felder.

Hinweis:
Die Texte der Gedichte „Einer“ und „Jazz“ von Volker Braun finden sich in der Sequenz 15 Arbeitsblatt 1.

Hans Magnus Enzensberger

Aufbruchsstimmung

Hoch über den Vororten
tragen rosig bestrahlte Gase
ihren stillen Kampf aus.
Unter raschen Wolkenfetzen
bröselt, champagnergebadet,
Beton. Am Potsdamer Platz
Wermutflaschen, die Penner
grübeln über „den Doppelsinn
von Sein und Seinsverständis".
Einwände halten sich hier
in Grenzen. Pilgerscharen
in der Fußgängerzone
auf der Suche nach Identität
und Südfrüchten. Zuzügler
lassen valiumfarbene Scheine
auf der Zunge zergehn.
Auch links in der Beletage
finden Aufbrüche statt:
Gewissenhaft arbeiten Partner
an der Hinrichtung einer Ehe.
Haftschalen, tränenüberströmt,
im luxuriösen Smog. Blindgänger
fallen sich in die Arme.
Das Politbüro: ausgestorben.
Nur im Keller der Dichter
dichtet bei fünfzehn Watt
nach wie vor vor sich hin,
„um der Menschwerdung
aufzuhelfen". Gerührt
schweift das nasse Aug
über die frischen Sichtblenden.

Günter Grass

Das Unsre

Breit liegt das Land, in dessen Lied wie in Prospekten
sich Schönheit weit gehügelt austrägt, gegen Norden flach,
besiedelt eng (in dieser Zeit) bis unters Dach.
Wo sich die Kinder einst vor Vaters Zorn versteckten,

ist keine Zuflucht mehr, nein, nichts schließt mehr geheim.
So offen sind wir kenntlich, allseits ausgestellt,
daß jeder Nachbar, ringsum alle Welt
als Unglück treiben sieht, was unsres Glückes Keim.

Wo wir uns finden, hat verkehrte Konjunktur
uns fett gemacht. Dank Leid und Kummer satt
schlug mästend Elend an als freien Marktes Kur;
und selbst auf unsre Sünden gab's Rabatt.
Still liegt Novemberland, verflucht zum tugendhaften Fleiß
in Angst vorm Jüngstgericht, dem überhöhten Preis.

Quellenverzeichnis

Sequenz 1

A 1.1

1. Joseph von Eichendorff, Nachtzauber. Aus: Werke in einem Band. Aufbau-Verlag, Berlin Weimar 1975, S. 176

2. Helmut Heißenbüttel, shortstory. Aus: Textbücher 1-6. Klett-Cotta, Stuttgart 1980

3. Eduard Mörike, Früh im Wagen. Aus: Sämtliche Werke in vier Bänden. Carl Hanser Verlag, München 1981, Bd. 4, S. 95

A 1.2

4. Friedrich von Hagedorn, Die Küsse. Aus: Die deutsche Literatur in Text und Darstellung. Aufklärung und Rokoko. Reclam Verlag, Stuttgart 1976, S. 122

5. Friedrich Hölderlin, Die Liebe. Werke und Briefe. Hg. Friedrich Beißner und Jochen Schmidt, Insel Verlag, Frankfurt/M. 1969, Bd. 1, S. 73

6. Detlev von Liliencron, Sehnsucht. Aus: Die schönsten deutschen Liebesgedichte. Hg. Andreas u. Angelika Hopf. Heyne-Verlag, München 1981, S. 137

A 1.3

7. Johann Wolfgang von Goethe, Mailied. Aus: Werke. Hamburger Ausgabe. Deutscher Taschenbuch Verlag, München 1981, Bd. 1, S. 30

8. Heinrich Heine, Ich glaub' nicht an den Himmel. Aus: Buch der Lieder. Deutscher Taschenbuch Verlag/Carl Hanser Verlag, München 1968, S. 230

9. Bertolt Brecht, Ich will mit dem gehen ... (aus: Der gute Mensch von Sezuan) Aus: Gesammelte Werke, Bd. 4. © Suhrkamp Verlag, Frankfurt/M. 1967, S. 1552

10. Conrad Ferdinand Meyer, Zwei Segel. Aus: Werke in zwei Bänden. Die Tempel-Klassiker. Emil Vollmer Verlag. München o.J., Bd. 1, S. 121

A 1.4

11. Wenn ich ein Vöglein wär'. Aus: „Des Knaben Wunderhorn". Hg. Achim von Arnim und Clemens Brentano, Winkler-Verlag München, o.J., S.157

12/13. August Stramm, Untreu/Trieb. Aus: Die deutsche Literatur in Text und Darstellung. Expressionismus und Dadaismus. Reclam Verlag, Stuttgart 1974, S. 81

14. Rainer Maria Rilke, Liebeslied. Aus: Werke in drei Bänden. Insel Verlag, Frankfurt/M. 1966, Bd. 1, S. 238

Sequenz 2

A 2.1

Ezra Pound, Albatre. Aus: Das Wasserzeichen der Poesie. Hg. Andreas Thalmayr. Die andere Bibliothek. Greno Verlagsgesellschaft. Nördlingen 1985, S. 34. © 1959 by Arche Verlag AG Raabe + Vitali, Zürich

Serenus M. Brezengang, Koks. Ebd. S. 35. © Greno Verlagsgesellschaft m.b.H. Nördlingen, 1985. © Vito von Eichborn GmbH & Co. Verlag KG, Frankfurt am Main, 1989

Bertolt Brecht, Der Radwechsel. Aus: Buckower Elegien. Aus: Gesammelte Werke. © Suhrkamp Verlag, Frankfurt/M. 1967. Bd. 10, S. 1009

Andreas Thalmayr, dem Phöbus gleich ... Aus: Das Wasserzeichen der Poesie. A.a.O., S. 296. © Greno Verlagsgesellschaft m.b.H. Nördlingen, 1985. © Vito von Eichborn GmbH & Co. Verlag KG, Frankfurt am Main, 1989

A 2.2

Friedrich Gottlieb Klopstock, Die frühen Gräber. Aus: Klopstock. Messias, Gedichte, Abhandlungen. Texte deutscher Literatur 1500–1800. Rowohlt Verlag, 1968, S. 105

Eduard Mörike, Das verlassene Mägdlein. Aus: Sämtliche Werke in vier Bänden. Carl Hanser Verlag, München 1981, Bd. 1, S. 50

Irmela, Rotkäppchen in der Scene. Aus: Emma. Heft 12, Dezember 1981. © Emma Frauen Verlag, Köln

A 2.3

Bertolt Brecht, Der Rauch/Eisen/Ich benötige keinen Grabstein. Aus: Gesammelte Werke. © Suhrkamp Verlag, Frankfurt/M. 1967. Bd. 10, S. 1012 und 1013

A 2.4

Friedrich Hölderlin, Sonnenuntergang. Aus: Werke und Briefe. A.a.O., S. 40

Martin Opitz, Ach Liebste laß uns eilen. Aus: Das Buch der Liebe. Gedichte und Lieder. Hg. Elisabeth Borchers. Insel-Verlag, Frankfurt 1974, S. 166

Sequenz 3

A 3.1

Johann Wolfgang von Goethe, An den Mond. Aus: Werke. a.a.O., S. 129 f.

A 3.2

Peter Rühmkorf, Himmel abgespeckt. Aus: Gesammelte Gedichte. © 1976 by Rowohlt Verlag GmbH, Reinbek, S. 7

A 3.3

Alfred Lichtenstein, Nebel. Aus: Gesammelte Gedichte. © 1962 by Arche Verlag AG Raabe + Vitali, Zürich

Georg Trakl, Der Abend. Aus: Gedichte. Frankfurt/M. Suhrkamp Verlag, 1974, S. 148

Heinrich Heine, Still ist die Nacht. Aus: Buch der Lieder. München 1968, dtv, S. 118

A 3.4

Emanuel Boretto, Mondgespräch/Paul Wiens, Der volkseigene Mond. Aus: Edgar Neis, Interpretation motivgleicher Gedichte in Themengruppen. Der Mond in der deutschen Lyrik. Bange Verlag Hollfeld/Obfr. o.J., S. 9 und 12

Sequenz 4

A 4.1/2

Friedrich Hölderlin, Hälfte des Lebens. Aus: Werke und Briefe. A.a.O., S. 134 f.

Lebensabrisse von Friedrich Hölderlin und Jean Paul. Aus: Deutsche Literaturgeschichte in einem Band. Hg. Hans Jürgen Geerdts. © Volk und Wissen ve Verlag. Berlin 1968, S. 250 f. und 258

A 4.3

Johann Wolfgang von Goethe, Willkommen und Abschied. Aus: Werke. a.a.O., Bd. 1. S. 27 f.

Goethe in Sesenheim/Straßburg 1770/71. Aus: Goethe, Dichtung und Wahrheit. Aus: Werke a.a.O., Bd. 9, S. 520 f.

A 4.5

Eduard Mörike, Peregrina. Aus: Sämtliche Werke in vier Bänden. Carl Hanser Verlag München 1981, Bd. 1, Gedichte, S. 97 ff.

A 4.6

Barbara Köhler, Endstelle. Aus: Deutsches Roulette. Gedichte. © Suhrkamp Verlag, Frankfurt/M. 1991, S. 39

Sequenz 5

A 5.3

Joseph von Eichendorff, Mondnacht/Der Einsiedler/Die zwei Gesellen. Alle aus: Eichendorffs Werke in einem Band, Aufbau Verlag, Berlin Weimar 1975, S. 99, 120 und 78

A 5.4/5

Joseph von Eichendorff Sehnsucht. Aus: Werke, a.a.O. S. 100

Heinrich Heine, Philister im Sonntagsröcklein. Aus: Buch der Lieder, a.a.O., S. 89

Heinrich Heine, Auszug aus „Die Harzreise". Reclam Verlag, Stuttgart, 1976, S. 63–65

A 5.6

Hans Magnus Enzensberger, Der fliegende Robert. Aus: Die Furie des Verschwindens. © Suhrkamp Verlag Frankfurt/M., 1980, S. 85

Ulla Hahn, Flucht. Aus: Spielende. Gedichte. © Deutsche Verlags-Anstalt GmbH, Stuttgart 1983, S. 35

Gottfried Benn, Gesänge (1 und 2). Aus: Sämtliche Werke. Stuttgarter Ausgabe. In Verb. mit Ilse Benn hrsg. von Gerhard Schuster. Band I: Gedichte 1. © Klett-Cotta, Stuttgart 1986, S. 23

Sequenz 6

A 6.1

Joseph von Eichendorff, Auf einer Burg. Aus: Werke, Sämtliche Gedichte. Deutscher Taschenbuch Verlag/Carl Hanser Verlag, München 1971, S. 28

A 6.2

Novalis, Die Christenheit oder Europa (Auszug). Aus: Werke. Hrsg. v. Gerhard Schulz, Beck Verlag München 1969, S. 499 ff.

Clemens Brentano, Brautgesang. Aus: Werke. Bd. 1, Gedichte. Hanser-Verlag, München 1968, S. 277 f.

Joseph von Eichendorff, Der neue Rattenfänger. Aus: Werke, a.a.O., S. 94

Sequenz 7

A 7.1

Joseph von Eichendorff, Das zerbrochene Ringlein. Aus: Werke, a.a.O., S. 9

Clemens Brentano, Der Spinnerin Lied. Aus: Gedichte. Reclam Verlag Stuttgart 1962, S. 24

Wolf Wondratschek, Im Sommer. Aus: Das leise Lachen am Ohr eines andern. Gedichte/Lieder 2, Verlag 2001, München 1976, S. 21

A 7.2

Kurt Schwitters, An Anna Blume. Aus: Kurt Schwitters. Das literarische Werk. Hg. Friedhelm Lach. © DuMont Buchverlag Köln 1973, Bd. 1, S. 58 f.

Sequenz 8

A 8.1

Adelbert von Chamisso, Die alte Waschfrau. Aus: Chamissos Werke in einem Band. Aufbau Verlag, Berlin, Weimar 1967, S. 121 f.

A 8.2

Kurt Marti, Leichenrede. Aus: Leichenreden. © 1969, 1990 by Luchterhand Literaturverlag, Hamburg, S. 35

A 8.3

Annette von Droste-Hülshoff, An Levin Schücking. Aus: Ausgewählte Werke. Carl Hanser Verlag München o. J., S. 22 f.

Karoline von Günderode, Liebe. Aus: Gedichte. Hg. F.J. Goertz. Insel-Verlag, Frankfurt/Main 1985, S. 29

Else Lasker-Schüler, Ein Liebeslied. Aus: Gedichte 1902–1943. Deutscher Taschenbuch Verlag, München 1986, S. 359. © Kösel-

Verlag, München, 4. Auflage 1990
Sarah Kirsch, Die Luft riecht schon nach Schnee. Aus: Rückenwind. Gedichte. © 1977 Langewiesche-Brandt, Ebenhausen bei München, S. 12

A 8.4
Sarah Kirsch, Aus Wiepersdorf (9), a.a.O. © 1977 Langewiesche-Brandt, Ebenhausen bei München, S. 27
Ulla Hahn, Wartende. Aus: Spielende, a. a. O., S. 49. © Deutsche Verlags-Anstalt GmbH, Stuttgart
Ulla Hahn, Mit Haut und Haar. Aus: Herz über Kopf. Gedichte. 1981, S. 9. © Deutsche Verlags-Anstalt GmbH, Stuttgart
Annette Kast-Riedlinger, fehlbuchung. Aus: Hautnah ist noch zu fern. Gedichte. © 1988 by Schneekluth Verlag, München, S. 95

Sequenz 9

A 9.3
Heinrich Heine, Das Fräulein stand am Meere ... Aus: Neue Gedichte, Reclam Verlag, Stuttgart 1973, S. 111
Heinrich Heine, Ich dacht an sie .../ Mir träumte wieder .../Ich wollte bei dir weilen .../Ich wollte meine Lieder ... Alle aus: Buch der Lieder, a.a.O., S. 229, 96, 134 und 232

A 9.4
Heinrich Heine, Du bist wie eine Blume. Aus: Buch der Lieder, a.a.O., S. 131
Heinrich Heine, Es fällt ein Stern herunter. Aus: Buch der Lieder, a.a.O., S. 100
Heinrich Heine, Leise zieht durch mein Gemüt ... Aus: Heines Werke in fünf Bänden, Bd. 1 Gedichte, Aufbau Verlag, Berlin Weimar 1968, S. 124
Joseph von Eichendorff, Wünschelrute. Aus: Werke, a.a.O., S. 123
Heinrich Heine, Ich weiß nicht, was soll es bedeuten ... Aus: Buch der Lieder. a.a.O., S. 107

Sequenz 10

A 10.2
Eduard Mörike, Septembermorgen. Aus: Sämtliche Werke in vier Bänden, 1. Bd. Carl Hanser Verlag, München 1981, S. 94
Jakob van Hoddis, Morgens. Aus: Menschheitsdämmerung, Hg. Kurt Pinthus. Ernst Rowohlt Verlag, Berlin 1959, S. 168

A 10.3
Johann Wolfgang von Goethe, Wanderers Nachtlied. Aus: Werke, Bd. 1, a.a.O., S. 142

A 10.4
Zur Entstehung von „Wandrers Nachtlied“. Aus: J.W. Goethe von Wulf Segebrecht. Carl Hanser Verlag, München Wien 1978, S. 36-39

A 10.5
Joseph von Eichendorff, Morgengebet. Aus: Werke, a.a.O., S. 60
Eduard Mörike, Das verlassene Mägdlein/Früh im Wagen/In der Frühe. Alle aus: Sämtliche Werke, a.a.O., S. 50 f., 95 und 29

A 10.6
Peter Huchel, Frühe. Aus: Die Sternenreuse. Gedichte 1925–1947, © R. Piper & Co Verlag, München 1967
Paul Zech, Gegen Morgen. Aus: 131 expressionistische Gedichte. Hg. Peter Rühmkorf, Wagenbach Verlag, Berlin 1976, S. 104
Sarah Kirsch, Watt III. Aus: Erlkönigs Tochter. Gedichte. © Deutsche Verlags-Anstalt, Stuttgart 1992, S. 50

Sequenz 11

A 11.1
Gottfried Benn, O Nacht –. Aus: Sämtliche Werke. Stuttgarter Ausgabe. In Verb. mit Ilse Benn hrsg. von Gerhard Schuster. Band I: Gedichte 1. © Klett-Cotta, Stuttgart 1986, S. 46
Gottfried Benn, Tristesse. Aus: ebd. © Klett-Cotta, Stuttgart, S. 316

A 11.2
Martin Opitz, Ach Liebste laß uns eilen. Aus: Das Buch der Liebe. Gedichte und Lieder. Hg. Elisabeth Borchers. Insel-Verlag, Frankfurt 1974, S. 166
Andreas Gryphius, Es ist alles eitel. Aus: Dichtungen. Texte deutscher Literatur 1500–1800. Rowohlt Verlag, Hamburg, S. 12 f

A 11.3
Johann Wolfgang von Goethe, Prometheus. Aus: Werke, Bd. 1, Gedichte. Insel Verlag, Frankfurt 1970, S.50
Johann Wolfgang von Goethe, Grenzen der Menschheit. Aus: ebd., S. 74

Sequenz 12

A 12.2
Oskar Loerke, Blauer Abend in Berlin. Aus: Gedichte und Prosa. Hg. Peter Suhrkamp. © Suhrkamp Verlag, Frankfurt/M. 1958, Bd. 1

A 12.4
Georg Trakl, An die Verstummten. Aus: Deutsche Großstadtlyrik vom Naturalismus bis zur Gegenwart. Reclam Verlag, Stuttgart 1973, S. 144
Paul Zech, Fabrikstädte an der Wupper. Die andere Stadt. Aus: ebd. S. 133
Alfred Lichtenstein, Die Nacht. Aus: a.a.O., S. 140. © Arche Verlag AG Raabe + Vitali, Zürich

Sequenz 13

A 13.2
Georg Trakl, Verfall/Im Winter/ In den Nachmittag geflüstert. Alle aus: Gedichte. Suhrkamp Verlag, Frankfurt/M., 1974, S. 40, 29 und 37
Georg Heym, Alle Landschaften haben ... Aus: Menschheitsdämmerung, a.a.O., S. 171

A 13.3
Detlev von Liliencron, Die Sonne leiht dem Schnee ... Aus: Gedichte. Reclam Verlag, Stuttgart 1981, S. 10
Detlev von Liliencron, In memoriam. Aus: Gedichte, ebd. S. 5
Georg Trakl, Im Osten/Im Winter. Aus: Gedichte, a.a.O., S. 150

A 13.4
Michael Franck, Ach wie flüchtig, ach wie nichtig. Aus: Evangelisches Kirchengesangbuch, Voggenreiter und Strube Verlag, o. J. S. 327
Georg Trakl, Menschheit. Aus: Das dichterische Werk. dtv, München/Otto Müller Verlag, Salzburg 1971, S. 25

Sequenz 14

A 14.2
Alfred Lichtenstein, Die Dämmerung. Aus: Dichtungen © 1989 by Arche Verlag AG Raabe + Vitali, Zürich

A 14.3
Johann Wolfgang von Goethe, Dämmrung senkte sich von oben. Aus: Werke, a.a.O., S. 389
Joseph von Eichendorff, Zwielicht. Aus: Werke in einem Band, a.a.O., S. 39
Theodor Storm, Dämmerstunde. Aus: Gesammelte Werke, Nymphenburger Verlagshandlung, München 1981, Bd. 1, S. 32

A 14.4
Theodor Storm, Meeresstrand. Aus: Gesammelte Werke, Nymphenburger Verlagshandlung, München 1981, Bd. 1, S. 22
Paul Zech, Im Dämmer. Aus: 131 expressionistische Gedichte, a.a.O., S. 105
Georg Trakl, Zu Abend mein Herz. Aus: Gedichte, a.a.O., S. 24

Sequenz 15

A 15.1
Volker Braun, Jazz/Regierungserlaß. Beide in: Gedichte. © Suhrkamp Verlag, Frankfurt/M. 1979, S. 12 und 40
Volker Braun, Einer. Aus: Gedichte. Reclam Verlag, Leipzig 1976, S. 23. © Suhrkamp Verlag, Frankfurt/M. 1979

A 15.2
Bertolt Brecht, Lob der Partei/Fragen eines lesenden Arbeiters. Beide in: Gesammelte Werke. © Suhrkamp Verlag, Frankfurt/M. 1967. Bd. 9, S. 464 und 656

A 15.3
Volker Braun, Lob der Massen. Aus: Schriften I. Gedichte 1957-1974. © Mitteldeutscher Verlag 1990, Halle/Leipzig
Volker Braun, Fragen eines regierenden Arbeiters. Aus: Gedichte. Frankfurt/M. a.a.O., S. 42. © Suhrkamp Verlag, Frankfurt/M. 1979

A 15.4
Johann Wolfgang von Goethe, Mignons Lied. Aus: Werke. Hamburger Ausgabe, C. H. Beck'sche Verlagsbuchhandlung, München 1981, Bd. 7, S. 145
Erich Kästner, Kennst du das Land, wo die Kanonen blühn? Aus: Kästner für Erwachsene, S. Fischer Verlag, Frankfurt/M. © Atrium Verlag, Zürich 1966, S. 23
Johann Wolfgang von Goethe, Wandrers Nachtlied (Ein Gleiches). Aus: Werke, Hamburger Ausgabe, a.a.O., Bd. 1, S. 142
Karl Krolow, Ein Ähnliches. Aus: Gesammelte Gedichte. © Suhrkamp Verlag, Frankfurt/M. 1975

Sequenz 16

A 16.2
Günter Eich, Inventur. Aus: Gesammelte Werke, Bd. 1. Hg. H. Ohde und S. Müller-Hanpft. © Suhrkamp Verlag, Frankfurt/M. 1973
Hans Werner Richter, Fünfzehn Jahre (Gruppe 47). Aus: Almanach der Gruppe 47, 1947–1962. Hg. H. W. Richter. Rowohlt Verlag, Reinbek 1962, S. 8 ff. © Hans Werner Richter

A 16.3
Günter Kunert, Über einige Davongekommene. Aus: ders., Erinnerung an einen Planeten. © 1963 Carl Hanser Verlag, München Wien, S. 9
Hans Bender, Heimkehr. Aus: Lyrische Biographie. Wuppertal 1957. © Hans Bender, Köln
Erich Fried, Spruch. Aus: Befreiung von der Flucht. © 1958, Claasen Verlag GmbH Düsseldorf (jetzt Hildesheim)

Christa Reinig, Das Jahr 1945. Aus: 1945 – Ein Jahr in Bericht und Dichtung, S. Fischer Verlag, Frankfurt/Main 1965, S. 208 © Verlag Eremiten-Presse
Ernst Jandl, 1944-1945. Aus: Sprechblasen © 1968, 1985, 1993 by Luchterhand Literaturverlag, Hamburg

A 16.4
Wolfgang Borchert, Am Fenster eines Wirtshauses beim Steinhuder Meer. Aus: Das Gesamtwerk. © 1949 by Rowohlt Verlag, Hamburg, S. 273
Bertolt Brecht, Epistel an die Augsburger. Aus: Gesammelte Werke. © Suhrkamp Verlag, Frankfurt/M. 1967. Bd. 10, S. 933
Christa Reinig, Mein besitz. Aus: Gedichte. S. Fischer Verlag, Frankfurt/Main 1965, S. 7 © Verlag Eremiten-Presse

Sequenz 17

A 17.2/3
Peter Handke, Die drei Lesungen des Gesetzes. Aus: Die Innenwelt der Außenwelt der Innenwelt. © Suhrkamp Verlag, Frankfurt/M. 1969, S. 56 ff.

A 17.4
Hans Magnus Enzensberger, vorschlag zur strafrechtsreform. Aus: Gedichte 1955–1970. © Suhrkamp Verlag, Frankfurt/M. 1971, S. 143 ff.

Sequenz 18

A 18.1
Hans Magnus Enzensberger, Der Angestellte. Aus: Die Furie des Verschwindens. © Suhrkamp Verlag, Frankfurt/M. 1980, S. 14 f.

A 18.3
Hans Magnus Enzensberger, Die Dreiunddreißigjährige. Aus: Die Furie des Verschwindens. © Suhrkamp Verlag, Frankfurt/M. 1980, S. 13
Wolf Wondratschek, Angestellten-Bolero. Aus: Chuck's Zimmer. Alle Gedichte und Lieder. Heyne Verlag, München 1982, S. 248 ff.

A 18.4
Erich Kästner, Zeitgenossen haufenweise/Offner Brief an Angestellte. Beide aus: Kästner für Erwachsene. © Atrium Verlag, Zürich 1966, S. 41 und 47

Sequenz 19

A 19.1
Peter Paul Zahl, über das reisen in die verbannung/im namen des volkes. Beide in: Alle Türen offen. Gedichte. © Rotbuch Verlag, Berlin 1977, S. 70 und 68

A 19.2
Peter Paul Zahl. Stichwort aus dem „Autorenlexikon deutschsprachiger Literatur des 20. Jahrhunderts". Hg. Manfred Brauneck. Rowohlt Verlag, Reinbek 1984, S. 792 © Manfred Brauneck, Hamburg

A 19.3
Bertolt Brecht, Vom armen B. B. Aus: Gesammelte Werke. © Suhrkamp Verlag, Frankfurt/M. 1967. Bd. 8. S. 261

A 19.5
Matthias Claudius, Der Mensch. Aus: Ausgewählte Werke. Reclam Verlag, Stuttgart 1990, S. 163
Friedrich Hölderlin, Lebenslauf. Aus: Werke und Briefe. A.a.O., Bd. 1, S. 74
Wilhelm Busch, Aus Anlaß des 75. Geburtstags 1907. Mein Lebenslauf. Aus: Das Gedicht. Eine Sammlung von Benno von Wiese. Suhrkamp Verlag, Frankfurt/M. 1977, S. 68
Theodor Fontane, Summa Summarum. Aus: ebd. S. 69
Werner Bergengruen, Leben eines Mannes. Aus: Gestern fuhr ich Fische fangen. © 1992 by Arche Verlag AG Raabe + Vitali, Zürich

A 19.6
Bertolt Brecht, Von der Freundlichkeit der Welt. Aus: Gesammelte Werke. © Suhrkamp Verlag, Frankfurt/M. 1967. Bd. 8, S. 205
Gottfried Benn, Nur zwei Dinge. Aus: Sämtliche Werke. Stuttgarter Ausgabe. In Verb. mit Ilse Benn hrsg. von Gerhard Schuster. Band I: Gedichte 1. © Klett-Cotta, Stuttgart 1986, S. 320
Hans Magnus Enzensberger, lebenslauf/Geburtsanzeige. Aus: Gedichte. 1955-70. © Suhrkamp Verlag, Frankfurt/M. 1971

Sequenz 20

A 20.1
Reiner Kunze, div. Gedichte aus „Sensible Wege". dnb 800. © 1976 by Rowohlt Taschenbuch Verlag GmbH, Reinbek, S. 34, 35, 37, 38, 64 u. 70

A 20.2
Auszug aus Dokumenten der „Staatssicherheit" der ehemaligen DDR. Aus: Reiner Kunze, Deckname Lyrik. Eine Dokumentation. © Fischer Taschenbuch Verlag, Frankfurt/M. 1990, S. 20–22 und 34/35

A 20.3
Wolf Biermann, Portrait eines alten Mannes. Aus: Mit Marx- und Engelszungen, Wagenbach Verlag, Berlin 1968. © Kiepenheuer & Witsch Köln
Wolf Biermann, Tischrede des Dichters im zweiten mageren Jahr. Ebd. © Kiepenheuer & Witsch Köln
Wolf Biermann, Das kann doch nicht alles gewesen sein. Aus: Wolf Biermann. Alle Lieder. © 1991 by Kiepenheuer & Witsch Köln

A 20.4
Karl Mickel, Die Friedensfeier/Petzower Sommer/Das Zeichen. Aus: Schriften I. Gedichte 1957–1974. © Mitteldeutscher Verlag, Halle/Leipzig 1990, S. 41, 65 u. 66

A 20.5
Sarah Kirsch, Ich wollte meinen König töten. Aus: Zaubersprüche. Gedichte. © 1974 Langewiesche-Brandt Verlag, Ebenhausen bei München, S. 8
Sarah Kirsch, Es war dieser merkwürdige Sommer. Aus: Landaufenthalt. Gedichte. © 1969/1977 Langewiesche-Brandt Verlag, Ebenhausen bei München, S. 59
Sarah Kirsch, Im Sommer. Aus: Rückenwind. Gedichte. © 1977 Langewiesche-Brandt Verlag, Ebenhausen bei München, S. 51
Volker Braun, Anspruch. Aus: Gedichte. © Suhrkamp Verlag, Frankfurt/M. 1979, S. 7

A 20.6
Hans Magnus Enzensberger, Aufbruchsstimmung. Aus: Zukunftsmusik. © Suhrkamp Verlag, Frankfurt/M. 1991, S. 42
Günter Grass, Das Unsre. Aus: Novemberland. © Steidl Verlag Göttingen 1993, S. 7

Bildnachweise:

A 3.1
AKG, Berlin

A 4.2
Deutsches Literaturarchiv in Marbach a.N. (beide Abbildungen)

A 4.6
© dpa

A 5.2
AKG, Berlin (oben links und unten)
© Photo Descharnes & Descharnes (oben rechts)

A 8.1
Document Fondation Jacques Doucet, Paris

A 9.1
AKG, Berlin

A 10.4
Aus: Julius Voigt: Goethe und Ilmenau; „Nach einem alten Stich"

A 12.2
AKG, Berlin

A 16.1
Hamburger Theatersammlung/Archiv, Foto: Rosemarie Clausen (oben)
© dpa (unten)

A 19.4
Suhrkamp Verlag, Fotos: Konrad Ressler (beide)

Hinweis:

Der Verlag hat sich nach bestem Wissen und Gewissen bemüht, alle Inhaber von Urheberrechten an Beiträgen zu diesem Werk ausfindig zu machen. Sollte das in irgendeinem Fall nicht korrekt geschehen sein, bitten wir um Entschuldigung und bieten an, ggf. in einer nachfolgenden Auflage einen korrigierten Quellennachweis zu bringen.

UNTERRICHTSIDEEN

Unterrichtsideen -
ein innovatives Angebot für die Unterrichtsvorbereitung:

- **unorthodoxe Ideen**
- **originelle methodische Konzepte**
- **leichte Realisierbarkeit**
- **vielfältige Einsatzmöglichkeiten**

Günther Einecke
Unterrichtsideen
Integrierter Grammatikunterricht
Textproduktion und Grammatik
5.-10. Schuljahr
Paket mit Lehrerband und Materialienband
ISBN 3-12-922654-0

Diese Unterrichtsideen zeigen, wie man Grammatik verknüpft mit altersgemäßen Sachthemen und stufengemäßen Aufsatzformen.
Ob bei der Phantasieerzählung in Klasse 5 oder der Problemerörterung in Klasse 10 - immer werden grammatische Phänomene im geeigneten Kontext behandelt.
So wird Grammatik nie isoliert vermittelt, sondern immer lernfeldübergreifend.

Günther Einecke
Unterrichtsideen - Textanalyse und Grammatik
Vorschläge für den integrierten Grammatikunterricht
5.-10. Schuljahr
Paket mit Lehrerband und Materialienband
ISBN 3-12-922672-9

In den zehn Sequenzen dieses Bandes wird anschaulich vorgeführt, wie sich Grammatikbehandlung und die Analyse unterschiedlichster Textsorten im Unterricht bruchlos miteinander verbinden lassen.
Die Themenstellungen der einzelnen Sequenzen orientieren sich an den Lehrplänen der Klassen 5-10.
Geschickt ausgewählte und sorgfältig aufeinander abgestimmte Text- und Bildmaterialien garantieren für einen abwechslungsreichen, spannenden Unterricht.

Unterrichtsideen - Europa entdecken -
Geschichten unserer Nachbarn
19 Unterrichtsvorschläge für die Klassen 8-10
Paket mit Lehrerband und Leseheft
ISBN 3-12-922661-3

Dieser Band bietet zu 19 Texten europäischer Autoren Interpretationen an und stellt Einsatzmöglichkeiten im Unterricht vor.
Das Spektrum der ausgewählten Texte ist vielfältig und spannend; es spiegelt die Vielfalt der europäischen Länder und ihrer Probleme. Alle Texte tragen dazu bei, Vorurteile abzubauen, Klischees zu korrigieren, Informationen und Kenntnisse über die Nachbarn zu vermitteln.

Rainer Werner
Unterrichtsideen - Lyrik in der Sekundarstufe II
20 handlungs- und produktionsorientierte Vorschläge
Paket mit Lehrerband und Materialienband
ISBN 3-12-922681-8

Antwortgedichte verfassen - Gedichte zu Ende schreiben - einem Gedicht die richtige Biographie zuordnen - Gedichte rekonstruieren - Lücken im Gedicht füllen - Gedichte nach ihrer Entstehungszeit ordnen: alle Verfahrensweisen, die vorgestellt werden, wollen den Schüler aktiv in den Unterricht einbeziehen. Die Texte, die behandelt werden, reichen von Hölderlin bis Handke, von Eichendorff bis Enzensberger, von Klopstock bis Rainer Kunze. Hinweise und Vorschläge zur Weiterführung im Unterricht schließen sich an jedes Gedicht an.